U0684391

新时代思想政治教育一体化发展模式及实践研究

唐献玲　著

团结出版社

© 团结出版社，2024 年

图书在版编目（ＣＩＰ）数据

新时代思想政治教育一体化发展模式及实践研究 /
唐献玲著. -- 北京：团结出版社，2024.2
ISBN 978-7-5234-0842-1

Ⅰ.①新… Ⅱ.①唐… Ⅲ.①高等学校—思想政治教
育—研究—中国 Ⅳ.①G641

中国国家版本馆CIP数据核字(2024)第050793号

责任编辑：韩 旭
封面设计：蓝 博

出 版：团结出版社
　　　　（北京市东城区东皇城根南街 84 号 邮编：100006）
电 话：（010）65228880 65244790
网 址：http://www.tjpress.com
E-mail：zb65244790@vip.163.com
经 销：全国新华书店
印 装：武汉鑫佳捷印务有限公司

开 本：170mm×240mm　16 开
印 张：10　　　　　　　　　字 数：220 千字
版 次：2024 年 2 月 第 1 版　　印 次：2024 年 2 月 第 1 次印刷

书 号：978-7-5234-0842-1
定 价：72.00 元
　　　　（版权所属，盗版必究）

Preface 前 言

《新时代思想政治教育一体化发展模式及实践研究》一书，源于对教育领域的不断探索与追求，它代表了对新时代思想政治教育发展的热切关注和深入思考。本书旨在探讨如何在当今社会背景下，将思想政治教育与其他教育要素有机融合，以更好地培养我国新时代的大学生。我们将关注思想政治教育的本质，强调思想政治教育的综合性，同时回应学校教育面临的各种挑战与需求。

新时代，社会在快速发展，知识在不断更新，思想政治教育也需要与时俱进。教育不再是简单地灌输知识，而是要培养学生的综合素养，包括思想政治素养、德育素养、实践素养、学习素养等。这些素养需要在教育中相互融合，相互促进，以培养更全面、更具创新精神的学生。

本书的研究目的在于深入分析新时代思想政治教育的内涵和要求，探讨新时代大学生的特点与需求，以及面临的多样化挑战。更重要的是，本书试图提出新的思想政治教育一体化发展模式。这个一体化发展模式不仅仅是理论上的构想，更是通过实践研究进行验证。我们将探讨教育教学融合模式、实践教育融合模式、德育教育融合模式和学习教育融合模式的应用，并提供相关案例分析，旨在为广大教育工作者提供实际可行的方法和思路，以促进思想政治教育的不断创新与发展。

在书中章节中，我们将深入探讨相关模式的基本特点、作用，以及它们在实际教育中的应用。我们希望这些模式和丰富的案例能够启发教育者，激发他们对于新时代思想政治教育的高阶性、创新性与挑战度的更多思考。

最后，我们深知，思想政治教育的一体化发展模式需要持续的研究和实践，需要广大教育工作者的智慧和共同努力。希望本书能够为思想政治教育工作的推进提供一些有益的参考和思考，同时也欢迎广大读者提出宝贵的意见和建议，共同致力于新时代思想政治教育的繁荣与发展。

编者

2023.08

Contents 目 录

导论

一、新时代思想政治教育一体化发展研究背景

1.新时代社会发展对思想政治教育的新要求

思想道德素质提升。新时代思想政治教育不再局限于传统的思想政治理论传授，而是更加注重培养学生全面发展的素质。在这一背景下，思想政治教育需要融入道德、智慧、身心健康等多个方面，以促进学生的全面发展。这将有助于培养更具有社会责任感和综合素质的新时代公民。

道德情感的培养与塑造。新时代思想政治教育应该注重培养学生的道德情感，引导他们树立正确的价值观和道德观。通过学习优秀的道德典范，了解社会公德、职业道德、家庭美德与个人品德等方面的要求，培养学生的良好品德和社会责任感。

智慧与能力的培养。新时代思想政治教育应当培养学生的智慧和团队合作能力，使他们能够在复杂多变的社会环境中灵活应对。通过引导学生进行批判性思考、问题解决、创新设计等活动，培养他们的分析、判断、创造等团队合作综合能力，提升思维品质。

创新与创业能力的培养。新时代强调创新驱动发展，因此思想政治教育需要培养学生具备创新思维和创新能力。学生应当从政治、经济、文化等多个角度去理解创新的内涵，从而能够在日常生活和职业发展中运用创新思维解决问题。

市场洞察力和适应性的培养。思想政治教育要帮助学生认识到创新与市场的紧密联系，培养他们的市场洞察力和适应性。通过案例分析、实地考察等方式，让学生深入了解市场需求和趋势，培养他们对市场变化的敏感性。

促进教育体系的优化。通过研究新时代思想政治教育一体化发展模式，可以促进教育体系的优化和改进。将德育、学科教育、实践教育、学习教育等要素进行有机融合，有助于培养更具综合素质的人才，进而提升整体社会素质。

2.新时代个体成长对思想政治教育的新要求

新时代学生个性化成长的需求。随着社会的发展，每个学生都具有独特的成长需求和发展潜力新时代学生成长发展的多样化，思想道德政治教育要与时俱进。以生为本，关注关心学生个体成长成才的不同需求，思想政治教育的针对性与可行性。对大学生的家国情怀与人文关怀、理想信念的教育需要不断增加。

团队协作与沟通能力的提升。创业需要团队合作和协调，因此思想政治教育应该培养学生的团队协作和沟通能力。通过项目学习、团队活动等形式，让学生学会有效地与他人

合作，协同解决问题，提升团队协作的能力。

促进理论与实践相结合。构建适应新时代需求的思想政治教育模式。学生在理论学习中，加强实践锻炼，通过深入研究和探索，可以为教育决策者提供科学依据，为教育从业者提供实践指导，为学生提供更有针对性和个性化的教育。

风险意识与应变能力的提升。新时代的形势不断变化，创新创业过程中充满了不确定性和风险，思想政治教育应该培养学生的风险意识和应变能力。通过模拟经营、风险管理案例等方式，让学生了解风险管理的重要性，培养他们的应变能力和判断力。

强化社会责任感与可持续发展意识。个人发展的过程中不仅个人利益，还应当有社会责任感的支撑。思想政治教育一体化应当强化学生的社会责任意识，让他们认识到创业要与社会的可持续发展相结合，为社会做出积极贡献。

道德品质的培养与价值观建构。学生了解优秀的道德典范，讲述道德榜样的事迹，教育者可以引导学生树立正确的价值观和道德观。此外，教育者还可以通过讨论道德困境、伦理问题等方式，引导学生进行道德思考，培养他们的道德判断力和行为规范。

二、新时代思想政治教育一体化发展研究目的

（一）强调思想政治教育的内涵拓展

在这一目标下，教育者应当注重培养学生的审美情趣，引导他们欣赏文化艺术，提升审美素养。同时，道德品质的培养也是重要的方面，通过让学生了解社会公德、职业道德等内容，引导他们形成正确的价值观和道德观。

1. 培养审美情趣的重要性

美育是德育的重要组成部分，它能够激发学生对美的感知和理解能力，培养他们对艺术、文化的兴趣和热爱。通过引导学生欣赏音乐、绘画、文学等艺术形式，思想政治教育可以提升学生的审美素质，使他们更加细腻地感受社会的美好与价值。

2. 道德品质的培养与价值观建构

通过让学生了解优秀的道德典范，讲述道德榜样的事迹，教育者可以引导学生树立正确的价值观和道德观。此外，教育者还可以通过讨论道德困境、伦理问题等方式，引导学生进行道德思考，培养他们的道德判断力和行为规范。

（二）培养具有创新意识的社会主义建设者

1. 创新精神的重要性

教育者应当通过课程设置、教学方法等手段，引导学生培养积极的创新意识，激发他们对问题的发现和解决能力。

（1）培养问题意识与探究精神

创新始于发现问题，思想政治教育一体化应当培养学生的问题意识和探究精神。例如通过引导学生思考社会存在的问题的议题，教育者可以激发学生的求知欲望，培养他们主

动探究和解决问题的能力。

（2）强调跨学科知识融合

创新需要跨学科的知识融合，思想政治教育一体化可以通过将不同学科的内容融入其中，帮助学生形成多元化的知识结构。例如，将经济、文化等领域的知识进行整合，让学生能够跨领域进行创新思考和探索。

2.创业精神的培养与社会责任

创业精神不仅仅是创业者的特质，更是每个社会主义建设者所应具备的素质。教育者可以通过案例分析、创新创业实践等方式，培养学生的创业意识和社会责任感。

（1）培养创业机会识别与创新能力

创业精神需要学生具备识别创业机会和创新的能力。思想政治教育一体化可以通过案例教学，让学生了解不同行业的创业机会和创新案例，培养他们的创业眼光和创新思维。

三、新时代思想政治教育一体化发展研究内容

一体化发展是指将思想政治教育与其他教育要素有机融合，通过整合德育、学科教育、实践教育等多个方面的内容和方法，实现综合素质的培养和全面发展的目标。

（一）内涵的拓展与界定

1.教育要素的多维融合

一体化发展的内涵不仅仅限于教育内容的简单融合，更包括教育思想、教学方法、评价体系等多个方面的融合。这意味着在思想政治教育中，要将德育、智育、体育、美育等多方面的要素进行有机结合，形成一个整体性的教育体系。

2.素质的全面培养

一体化发展的目标之一是在整体性和系统性的基础上，培养学生的多方面素质。除了政治素质，还应当注重培养学生的创新意识、社会责任感等方面的素质。

（1）创新意识与实践能力的培养

在思想政治教育中，可以通过引导学生参与创新创业实践，培养他们的创新思维和实践能力。通过课程设置和项目实施，学生可以了解创新的重要性，掌握创新方法和技巧，从而在未来的社会中具备竞争力。

（2）社会责任感与公民素质的培养

一体化发展模式应当强调社会责任感的培养，让学生认识到个人行为与社会发展之间的关系。通过引导学生参与公益活动、社会实践等，可以培养他们的公民素质，使他们成为有社会责任感的公民。

（二）边界的划定与限定

1.教育要素的保持独立性

一体化发展的边界在于保持各个教育要素的独立性和特色。虽然要进行多维融合，但

并不意味着将不同要素简单混合在一起，而是要保持它们的独立性，确保每个要素都能够充分发挥自身的作用。

2.融合与整合的实现

一体化发展不是简单的要素混合，而是在保持各要素独立性的前提下，实现更高层次的整合和提升。这要求教育者在教育内容、教学方法等方面进行创新，以实现整体素质的提升。

一体化发展模式的内涵在于多维要素的融合与整合，其边界则在于保持各要素的独立性和特色。通过教育思想的融合、全面素质的培养，以及保持教育要素的独立性，思想政治教育一体化可以在更高水平上实现学生思想政治素质的提升。

（三）研究内容的主要方向和划分

这一方向关注如何在思想政治教育中融入道德教育，使学生在获取知识的同时培养正确的价值观和行为规范。

1.实践教育与思想政治教育融合的研究

实践教育在思想政治教育中的融合具有重要的意义。通过社会实践、实地考察等方式，学生能够深入了解社会现实，亲身体验社会问题，从而增强他们对思想政治教育的实际体验和感受。这有助于将抽象的课程理论与具体的社会情境相结合，使学生能够更加深刻的理解课程理论的内涵和实际应用。

实践教育可以培养学生的社会责任感。在实际的社会实践中，学生将直接面对社会问题和需求，通过参与志愿服务、社区建设等活动，他们能够深刻认识到自己作为公民应当承担的社会责任，从而在思想政治教育中形成正确的社会观念和价值取向。

创新精神与实践教育的结合。实践教育与创新精神的结合是一体化发展的重要方向。通过参与实际问题的解决过程，学生能够培养解决问题的能力和创新思维。在思想政治教育中，可以引导学生从实际问题出发，运用政治理论对问题进行分析和解决，从而增强他们的创新能力。

在课堂教学中引入实际问题案例，让学生进行分析和讨论，有助于培养他们的问题解决能力和创新思维。通过分析不同问题的背景、原因和影响，学生可以运用政治理论进行思考，提出创新性的解决方案。

2.学习教育与思想政治教育融合的研究

学习方法与思想政治教育的关系。学习方法对思想政治教育的影响不容忽视。不同的学习方法会对学生的思维方式、学习效果产生不同的影响，因此研究学习方法与思想政治教育的关系具有重要意义。

在思想政治教育中，可以通过鼓励学生采取主动学习的方法，如自主阅读、讨论探究等，激发他们对政治理论的兴趣和热情。通过培养主动学习的习惯，学生能够更好地掌握政治知识，提升学习效果。

信息化手段与思想政治教育的融合。信息化时代的到来，为思想政治教育提供了新的发展机遇。通过信息化手段，可以更加生动地呈现政治理论内容，提供多样化的学习资源，从而增强学生的思辨能力和学习兴趣。

利用网络平台开展思想政治教育，可以为学生提供丰富的学习资源和互动交流的机会。通过在线讨论、政治知识竞赛等方式，不仅可以增加学生对政治理论的了解，还可以培养他们的思辨能力和团队合作精神。

研究内容的主要方向和划分包括实践教育与思想政治教育融合的研究，以及学习教育与思想政治教育融合的研究。通过在教育中融入实践教育和信息化手段，可以增强学生的社会责任感、创新精神和思辨能力，从而全面提升思想政治素质。

（四）研究的方法论与实证分析

1. 方法论的选择与理论基础

本研究将采用综合性的方法论，结合文献研究、案例分析和实地调查等手段，以深入理解思想政治教育一体化发展的内涵与实际效果。

文献研究的分析与归纳

通过对国内相关文献的系统梳理和分析，总结思想政治教育一体化发展模式的理论基础和实践经验，为研究提供理论支撑。

案例分析的比较与总结

选择典型的思想政治教育一体化发展案例，对不同模式的实际应用进行比较与总结，从中挖掘成功的经验和值得改进的方面。

实地调查的数据收集与分析

通过问卷调查、访谈等方式，深入了解学生、教师和家长对思想政治教育一体化的看法和感受，从实际参与者的角度探讨模式的实际效果。

2. 实证分析的设计与执行

基于已有的理论框架和方法，本研究将设计一系列的实证分析方案，包括教育教学融合模式、实践教育融合模式、德育教育融合模式、学习教育融合模式等的实际应用与效果评估。

数据收集与处理

通过问卷调查、实地观察、访谈等方式，收集相关数据，对学生参与不同一体化发展模式的情况进行详细了解和记录。然后，对收集到的数据进行整理、归纳和分析，运用统计方法和质性分析手段，深入挖掘模式的实际效果、问题和影响因素。

模式效果的评估与探讨

在实证分析的基础上，本研究将对不同一体化发展模式的效果进行评估和探讨。通过对比分析，深入剖析模式对学生思想政治素质、学习动力、创新能力等方面的影响，总结模式的优势和不足。

模式改进的建议与展望

基于实证分析的结果，本研究将提出相应的模式改进建议和发展展望。针对不同模式的问题和挑战，探讨如何优化教育内容、改进教学方法、完善评价体系等，以推动思想政治教育一体化发展更加有效和可持续。

第一章 新时代思想政治教育的发展现状与特点

第一节 新时代思想政治教育的内涵

一、思想政治教育的教育内容

（一）国家历史与文化教育

第一，历史知识传承与文化根基。在国家历史与文化教育中，重点是向学生传承中国悠久的历史和丰富的文化传统。教育内容应包括中国古代历史、近现代历史，以及中国文化的基本内涵，如儒家思想、道家哲学、传统绘画、文学经典等。学生应该了解中国文化的多元性和深刻性，以建立对中国文化的尊重和认同。

第二，文化符号与文化遗产。学生需要关注中国的非物质文化遗产，如传统戏曲、民间艺术、传统工艺等，以加强对中国文化多样性的理解。

第三，文化交流与国际视野。学生需要了解中国古代的丝绸之路、文化交流的历史，以及中国在国际舞台上的文化影响力。这有助于培养学生的国际视野和跨文化交流能力。

第四，文化自信与传统文化创新。思想政治教育还应鼓励学生在尊重传统文化的基础上，积极参与传统文化的创新和传承。学生可以通过参与传统文化活动、创作文学艺术作品、借助现代科技手段进行文化传播等方式，将传统文化与现代社会相结合，展现文化自信。

（二）公民责任与社会道德教育

第一，社会角色与责任认知。在公民责任与社会道德教育中，教育内容应帮助学生认识自己在社会中扮演的不同角色，如家庭成员、公民、社区成员等。学生需要理解每个角色的特定责任和义务，以建立对社会责任感的认知。

第二，社会公德与公民道德。教育内容包括社会公德和公民道德的培养。学生应该了解社会公德的核心价值观，如互助、诚信、友善等，以及公民道德的基本准则，如守法、奉献、公平等。这有助于形成良好的社会行为规范。

第三，伦理决策与道德困境。学生需要学习伦理决策的基本原则和方法，以应对道德困境。教育内容可以通过伦理案例分析、道德决策模型的介绍等方式，培养学生面对道德抉择时的分析和判断能力。

第四，社会参与与志愿服务。公民责任与社会道德教育还应鼓励学生积极参与社会活动和志愿服务。学生可以参与社区服务、环保活动、慈善事业等，从实践中体验社会责任感和公民道德。

（三）科学精神与创新意识培养

第一，科学方法与思维培养。教育内容应引导学生了解科学方法和科学思维的基本特点。学生需要掌握观察、实验、推理等科学方法，培养系统性思考和逻辑推理的能力。

第二，问题解决与创新思维。学生应学习问题解决和创新思维的方法。教育内容可以包括问题分析、解决方案设计、创新思考等方面的培养，以激发学生的创造力和解决实际问题的能力。

第三，科学文化与科学伦理。思想政治教育也应强调科学文化和科学伦理的教育。学生需要了解科学的历史和文化影响，同时也需要了解科研中的伦理道德标准，如诚实、透明、学术道德等。

第四，创新实践与科技应用。学生应鼓励积极参与创新实践和科技应用。教育内容可以包括科技创新的案例研究、创业精神的培养、科技伦理的讨论等，以培养学生在科技领域的创新意识和实践能力。

二、教育方法与手段

（一）思想政治教育课程设计

第一，课程目标的设定。思想政治教育课程的设计首先需要明确课程的教育目标。这包括培养学生的国家认同感、社会责任感、科学精神和法治观念等方面的素养。课程的目标应具体、可量化，以便评估学生的学习成果。

第二，启发性教学方法。课程设计应采用启发性教学方法，鼓励学生主动思考和参与讨论。案例分析是一种有效的教学方式，通过分析真实案例，引发学生思考社会问题、伦理困境和法律道德。此外，讨论和辩论也可以促进学生思辨能力的培养，使其能够理性分析不同观点和立场。

第三，角色扮演与模拟演练。课程中可以引入角色扮演和模拟演练，让学生亲身体验特定情境下的决策和行为。这有助于学生理解各种社会角色的责任和道德，培养他们的决策能力和团队合作精神。

第四，信息技术与多媒体教具。利用现代信息技术和多媒体教具，可以丰富思想政治教育课程的教学内容。多媒体教材、在线教学平台、虚拟实验室等工具可以提供更生动、直观的学习体验，激发学生的学习兴趣。

（二）实践教育与社会参与

第一，社会实践项目。实践教育是思想政治教育的重要组成部分。学校可以组织社会实践项目，让学生参与到社会活动中，亲身感受社会问题和需求。这些项目可以包括环保活动、扶贫帮困、文化传承等多个领域，以培养学生的社会责任感和公民参与意识。

第二，志愿服务。学生可以通过志愿服务来积极参与社会，为社区和社会做出贡献。志愿服务可以包括义工活动、慈善捐助、社会调研等形式。这有助于培养学生的公益意识和社会参与精神。

第三，实践性课程。学校可以开设实践性课程，将理论知识与实际操作相结合。例如，开设社会调查与研究课程，让学生亲自进行社会问题的调查和研究，从而深入理解社会现实。

第四，跨学科合作。实践教育可以促进跨学科合作。学校可以组织不同学科领域的学生共同参与实践项目，从多个角度解决复杂的社会问题，培养学生的综合素养和协作能力。

（三）综合素质教育

第一，科学文化素质。思想政治教育应与科学文化素质教育相结合，培养学生的科学知识和科学思维能力。学校可以开设科普课程，引导学生了解科学的基本原理和最新进展，提高科学文化素质。

第二，人文素养。人文素养是综合素质教育的重要组成部分。学生需要学习文学、艺术、哲学等人文领域的知识，培养审美情感和人文关怀，将文学作品、艺术表演、哲学思考等融入思想政治教育的课程中。

第三，健康素质。健康素质教育关注学生的身心健康。学校可以组织体育活动、健康教育课程，培养学生的身体素质和健康意识，促使其养成健康的生活方式。

三、教育目标与评价

（一）培养全面发展的公民

思想政治教育的主要目标是培养全面发展的公民，他们具备政治信仰、社会责任感、文化自信、法治观念、创新精神、道德情感等素质，能够积极参与社会、贡献国家、维护法律和社会公平。

（二）综合评价体系

教育的评价应建立综合评价体系，包括知识考核、实践表现、社会参与等多个方面的评价指标，以全面了解学生的发展情况。

第二节　新时代大学生的特点与需求

一、新时代大学生的思想特点

（一）个性独立，自信心强，主观能动性强

新时代的大学生在思想上呈现出明显的个性独立特点。这一特点源于社会的快速发展和信息的广泛传播，使得大学生有更多的机会接触不同的思想观念和文化背景。他们在学

习、生活和社交中表现出对自身权利和选择的强烈意识，不轻易受他人干涉或制约。

1. 自信心强

首先，新时代大学生通常在教育背景和成长环境中培养了强烈的自信心。他们成长在一个相对开放和多元化的社会环境中，接触到各种知识和信息资源，有机会充分发展自己的兴趣和潜力。这种教育背景使他们相信自己有能力面对各种挑战，追求自己的理想。

其次，新时代大学生更注重个性和自我表达，这也有助于塑造他们的自信心。他们愿意坚守自己的观点和价值观，不轻易受到外界的干扰或质疑。这种独立思考和自我决策的态度使他们更加自信，相信自己的选择和决策是正确的。

再次，新时代大学生在面对挫折和困难时表现出坚韧的品质，这也是他们自信心强的表现之一。他们相信自己可以克服任何困难，不轻言放弃。这种积极的心态使他们更有动力去实现自己的目标。

最后，社会的发展和变革为新时代大学生提供了更多的机会和平台，使他们能够更好地展示自己的才华和能力。他们在各个领域都有机会获得认可和成功，这进一步增强了他们的自信心。

2. 主观能动性强

首先，新时代大学生在知识获取和学习方面表现出了高度的主动性。他们不仅仅局限于课堂上的知识传授，还积极主动地参与各种学术讨论、研究项目和实践活动。他们热衷于探索新的领域，追求跨学科的知识，拓宽自己的学术视野。这种主动性有助于他们更全面地理解世界，不仅满足于传统教育的范围，还积极寻求深入了解和拓展。

其次，新时代大学生更加注重自主学习和思考。他们不限定于老师的讲课和教材的内容，还会主动寻找相关的学习资源，积极进行自主学习和独立思考。他们倾向于提出问题、探索解决方案，并通过阅读、研究和讨论来深入了解知识领域。这种自主学习的态度使他们更具有知识独立性，能够更好地适应知识的快速更新和变化。

再次，新时代大学生积极参与各种实践活动，培养自己的综合素养。他们不满足于理论知识的掌握，还注重将知识应用到实际问题中，积极参与社会实践、志愿服务、科研项目等各种活动。这种主动性有助于他们锻炼解决问题的能力、团队协作能力和社会责任感。同时，通过实践，他们能够更好地将理论知识转化为实际技能和经验。

最后，新时代大学生的主观能动性强也反映在他们对个人成长和发展的高度关注上。他们不仅追求学术上的进步，还关心自身的全面素质提升。他们积极参加各类培训、讲座和工作坊，发展自己的批判性思维、沟通能力和创新意识。这种对个人成长的追求使他们更具备适应未来社会需求的综合素养。

3. 抵制外部干涉

首先，新时代大学生抵制外部干涉的特点反映出他们对自主选择和决策的追求。这一特点可能部分源于他们成长过程中所受的教育和培养。在中国的家庭和学校教育中，传统的教育方式强调纪律和规则，但也有一些家庭和学校鼓励学生发展自主性和自主思考。新时代大学生中的一部分人在这种氛围下，培养了对自主性的追求，他们更愿意自己做决策，而不是受到外部规则和干涉的束缚。

其次，新时代大学生的抵制外部干涉与其对个人价值和兴趣的高度重视密切相关。这一代的大学生通常更加关注自身的发展和成长，他们追求实现自己的理想和兴趣，而不是盲目迎合外部的期望和要求。他们认为，只有追随内心的声音，才能够获得真正的满足感和成就感。因此，他们倾向于抵制那些不符合他们个人价值观和兴趣的外部干涉。

再次，社会的快速变革也促使新时代大学生更加谨慎对待外部干涉。在一个充满不确定性和变化的时代，他们更加注重自己的稳定性和自我保护。因此，他们可能更加警惕外部干涉可能带来的风险和不确定性。他们更愿意依靠自己的判断和决策，以更好地适应和抵御外部环境的变化和挑战。

最后，新时代大学生抵制外部干涉的特点也反映了他们在自我认知和自我管理方面的提升。他们更加重视自己的需求和目标，并努力去实现这些目标。在这个过程中，他们会更加坚定地抵制可能干扰或偏离他们个人发展轨迹的外部因素。他们希望自己的生活和职业发展能够更多地由自己掌控，而不是受到外部干涉的左右。

4. 逆反心理

首先，新时代大学生逆反心理的特点部分源于他们在成长过程中接触到的多元化信息和观点。相比较于过去，现代社会中的大学生更容易接触到各种各样的思想观念和社会价值观。互联网的普及使得信息传播更加便捷，社交媒体平台成为了各种声音和观点的发源地。这些多元化的信息和观点让大学生更容易对传统观念产生质疑，寻求新的思想和方式。

其次，逆反心理也可能受到社会环境的影响。新时代的社会变革迅速，传统观念和权威结构逐渐被挑战和颠覆。大学生所处的社会环境充满不确定性，传统的道德和规范也受到了挑战。这种社会环境可能使一部分大学生更容易表现出逆反心理，他们愿意挑战现有秩序，寻求新的社会价值观和行为方式。

再次，新时代大学生的逆反心理也与他们的个性独立和自信心有关。他们通常具备较强的自主思考和决策能力，不会盲从于传统观念和权威的压力。他们愿意坚守自己的观点，甚至敢于与传统观念相悖的观点和行为。这种自信心和坚定性使得他们更容易表现出逆反心理。

最后，新时代大学生的逆反心理也可能受到家庭和教育背景的影响。在一些家庭和学校中，父母和老师鼓励孩子们独立思考，提倡个性发展。这种教育方式培养了孩子们对传统观念的质疑和反思，使他们更容易表现出逆反心理。此外，一些大学课程也鼓励学生积极思考和讨论，培养了他们的批判性思维和质疑态度。

（二）价值观多元化

新时代大学生的思想特点还表现在价值观的多元化上。社会的不断变化和开放交流使得大学生接触到各种不同的价值观念和文化观点，这导致了多元化的价值取向。

1. 社会环境多元

不同地区、不同文化背景的大学生在成长过程中受到的社会环境和价值观影响各不相同。这导致了大学生的价值观表现出多样性和多元性。

2. 个人化定义

每个大学生对自己的人生价值都有独特的定义和追求。有些人注重物质生活的质量，有些人追求精神内涵和文化体验，还有些人将重心放在社会责任和公益活动上。这种多元化的追求使得大学生的人生轨迹各异。

3. 勇于创新和冒险

新时代大学生更加注重个人发展和实现自己的目标。相对于以往追求传统的金饭碗和稳定工作的观念，他们更愿意冒险创业，追求个人梦想，勇于面对竞争和挑战。

4. 追求全面素养

大学生对自身素养的要求不再局限于某一领域，他们希望在多个方面都能有所突破。因此，他们追求全面素质的提升，包括科学文化素质、人文素养、健康素质等。

（三）竞争意识强

新时代大学生在面对激烈的社会竞争时表现出强烈的竞争意识。

1. 就业压力增大

随着高等教育的普及，毕业生人数逐年增加，导致就业市场的竞争更加激烈。新时代大学生意识到，要在职场上脱颖而出，必须具备更强的竞争力和综合素质。

2. 多元化就业选择

与以往只追求固定工作的传统观念不同，新时代大学生更加注重多元化的就业选择。他们不仅考虑传统行业，还积极探索创业、自主就业、自由职业等多种就业方式，以实现自己的职业抱负。

3. 持续学习和提升

为了应对激烈的竞争，新时代大学生具备持续学习的意识。他们追求不断提升自己的知识和技能，主动参加培训和学习机会，保持对行业发展的敏感性。

4. 创新与创业

为了获得竞争优势，许多新时代大学生选择创新和创业。他们具备创新精神，敢于冒险，愿意面对失败，以实现自己的创业梦想。

（四）善于利用网络

新时代大学生具备善于利用网络资源的特点，这一特点受到互联网普及和信息技术发展的影响。

1. 信息获取便捷

互联网为大学生提供了便捷的信息获取途径。他们可以通过搜索引擎、在线教育平台、社交媒体等渠道获取各种知识和信息，拓宽了视野。

2.在线学习和资源分享

大学生可以利用互联网进行在线学习，参加各种网络课程和培训，提高自己的综合素质。同时，他们也积极参与在线社区，分享自己的学习和经验，促进知识的传播和共享。

3.社交与沟通

互联网使得大学生的社交和沟通更加便捷。他们可以通过社交媒体与朋友、同学保持联系，参与各种网络社交活动，建立人际关系。

4.科研和创新

大学生利用网络进行科研和创新的机会也日益增加。他们可以在线查找学术文献、参与学术讨论，以及与全球范围内的研究者合作，促进学术进步。

二、新时代大学生的行为变化规律

（一）学习的自觉性低

新时代大学生在学习方面表现出的自觉性相对较低，这一现象可以归因于以下几个因素：

1.教育背景的影响

新时代大学生经历了中小学时期的传统教育，这种教育模式通常以教师为中心，侧重于知识的灌输和考试的评估。在这样的教育背景下，学生往往习惯了被动接受知识，缺乏主动学习的动力。他们习惯了按照教师的要求来完成任务，而不是主动探索和积极参与学习过程。这种教育模式强调记忆和应试能力，而忽视了培养学生的独立思考和自主学习能力，从而影响了新时代大学生的学习自觉性。

2.自主性学习意识的欠缺

在中小学阶段，学生通常习惯了老师的指导和监督，他们的学习任务和进度由老师安排和管理。因此，当他们进入大学后，缺乏自主规划学习的能力和习惯，往往需要依赖外部的压力和约束来推动学习。他们可能只在考试前才会进行临时复习，而不愿意在课程期间持续性地学习和积累知识。这种缺乏自主性学习意识的现象在新时代大学生中相对普遍，导致了他们的学习自觉性较低。

3.课程负荷的压力

随着高校招生规模的不断扩大，竞争也变得更加激烈，学生需要完成更多的课程和任务以保持竞争力。这种情况下，学生可能感到时间紧迫，难以花足够的时间和精力主动学习。他们可能更多地将精力放在应付考试和完成作业上，而缺乏深入学习和思考的机会。

4.信息过载

互联网时代带来了大量的信息资源，学生可以轻松获取各种知识和资讯。然而，信息的过多和杂乱可能使学生难以筛选和管理，导致注意力分散和学习效率下降。学生可能花费大量时间在社交媒体、娱乐和无关紧要的信息上，而忽视了课程学习和知识积累。这种信息过载的情况使学生更难以保持学习的自觉性和集中注意力。

（二）不注重人际关系的培养

新时代大学生在人际关系方面的表现相对独立和坚定，这一特点受到以下因素的影响：

1.个性独立与自信心

新时代的大学生在成长过程中受到了鼓励独立思考和自主决策的教育方式，培养了相对较高的自信心。他们更加坚守自己的观点和价值观，不容易被他人的意见和观点所左右。这种自信心使他们更倾向于独立思考问题，不会轻易妥协或受他人干涉。

2.多元化的社会背景

大学校园是一个聚集了来自不同地区和文化背景的学生的地方，这种多元性促使大学生更加注重尊重差异和坚守立场。他们在与不同背景的同学互动时，可能会更加包容和理解，不会轻易产生冲突或摒弃他人。这种多元性的社会背景培养了大学生在人际关系中的独立和坚定特质。

3.社交媒体的影响

随着社交媒体的发展，大学生更多地通过虚拟社交平台来维护社交关系。这种虚拟社交方式相对独立于传统的面对面交往，使大学生更加习惯于在虚拟世界中表达自己的观点和情感，不太依赖传统的人际交往方式。虚拟社交媒体的使用使大学生在维护人际关系时表现出相对的独立性。

4.独立思考与自我决策

新时代大学生更加注重独立思考问题和自主决策，他们愿意坚持自己的判断，而不是轻易妥协。在人际关系中，他们可能更倾向于坚守自己的立场和原则，不愿意被他人左右。这种独立思考和自我决策的特质也使他们表现出不太注重人际关系培养的倾向。

（三）不注重行为礼仪

尽管新时代大学生在思想上表现出一定的独立性和自信心，但在行为礼仪方面存在一定的欠缺，这可能与以下因素相关：

1.文化传承的不足

随着社会的现代化和快速变革，传统文化和礼仪的传承面临挑战。在传统文化价值观和礼仪规范逐渐淡化的情况下，新时代大学生接受的教育和文化影响相对较少，缺乏传统礼仪的教育和培养。因此，一些大学生可能不太了解或重视传统行为礼仪，表现出较为随意的行为方式。

2.社会价值观的多元化

社会变革和不同文化背景的融合使得社会价值观多样化，大学生可能更加注重个性和自我表达，而不太关注传统的行为礼仪。一些大学生可能认为，个性化的行为方式更能体现自己的独特性，因此可能对传统礼仪规范持较为冷漠的态度。

3.社交媒体与虚拟社交

社交媒体的发展使得大学生更多地通过虚拟方式进行社交，包括在线交流和社交网络上的互动。在虚拟社交环境中，传统的面对面社交礼仪不再适用，因此一些大学生可能对传统礼仪规范感到陌生，更习惯于虚拟社交的方式。

4. 文化冲击与个性表达

一些大学生倾向于追求个性化的表达和行为，他们可能希望通过行为方式来突出自己的独特性。这可能导致一些不传统的行为方式，不太符合传统礼仪规范。

（四）在消费上不节制

新时代大学生在消费行为方面普遍存在不节制的情况，这可以归因于以下几个原因：

1. 消费观念的影响

随着社会的现代化和经济的发展，消费主义观念逐渐盛行，大学生受到了物质享受和炫耀性消费的影响。他们可能认为通过购买昂贵的商品或享受高档的服务来展示自己的社会地位和身份，这种观念促使他们进行不节制的消费行为。

2. 经济独立性

一些大学生在经济独立性方面相对较高，拥有一定的经济自由度，这也容易导致不节制的消费行为。一旦他们获得一定的经济资源，可能会更容易满足自己的消费欲望，而忽视了理性的消费规划。

3. 社交压力

社交活动和社交圈子对于大学生的生活质量和社交地位有着重要影响。一些大学生可能会为了参加社交活动或满足社交需求而进行高消费，因为他们认为这是维系社交关系的一种方式。

4. 广告和营销

广告和宣传活动往往强调商品和服务的吸引力，通过各种手段诱导人们购买。大学生作为一个广告目标群体，容易受到这些策略的影响，导致不节制的消费。

第三节　新时代思想政治教育面临的挑战

一、技术发展与信息化

随着技术的飞速发展，特别是数字化和互联网技术的普及，新时代大学生日常生活中处处充满了信息和媒体。他们习惯了快速获取信息、图像化展示和多媒体交流，这也影响了他们对待传统的教育内容的态度。传统的理论灌输方式可能难以引起学生的兴趣，甚至产生抵触情绪。因此，思想政治教育在教学内容的呈现上面临着挑战，需要更加注重多样性和互动性，以适应新时代大学生的学习特点。

（一）利用多媒体技术丰富教学内容

多媒体技术在思想政治教育中的应用，能够有效地激发学生的学习兴趣和注意力。教师可以运用图像、音频、视频等多种媒体形式,将抽象的理论概念具象化,使抽象概念更加形象易懂。

1.抽象概念的具象化呈现

多媒体技术能够将抽象的思政理论概念以图像、音频、视频等形式具象化,使其更加直观生动。这样的呈现方式有助于打破抽象概念的难以理解之感,增强学生对思政知识的实际感知。

2.提供丰富案例与历史背景

多媒体技术在教育领域的应用可以为思政教育提供更多实例案例和历史背景,这些案例和历史背景不仅可以帮助学生更好地理解思政理论,还能激发他们的学习兴趣和思考能力。

(1)历史上的伟大思政家

通过多媒体技术,可以介绍一些历史上的伟大思政家,如孔子、孟子等,展示他们的思想理念和对社会变革的贡献。这些案例可以帮助学生了解不同时期的思政思想传承和演变。

(2)社会问题的案例分析

利用多媒体技术,可以呈现一些当今社会面临的重大问题。学生可以通过分析相关案例,深入思考社会问题的根本原因和解决途径,结合思政理论进行讨论。

(3)社会改革的成功案例

多媒体可以展示一些地区成功进行社会改革的案例。学生可以从这些案例中汲取启示,思考如何应用思政理论来解决社会问题。

(4)历史事件的多媒体模拟

利用多媒体技术,可以创建历史事件的多媒体模拟,让学生参与其中,体验历史事件的决策过程和影响。这种互动式的学习可以更好地帮助学生理解历史事件的背景和复杂性。

通过这些案例和历史背景的多媒体呈现,学生可以更深入地理解思政理论的实际应用和历史演变,培养批判性思维和社会责任感。这种多媒体教育方式丰富了思政教育的内容,使其更具吸引力和实用性。

3.增强学习动力和参与度

多媒体技术的应用能够吸引学生的注意力,提升他们的学习兴趣和主动参与度。

多媒体技术的应用在思政教育中可以显著增强学习动力和学生的参与度,这是因为多媒体教育具有以下几个特点:

(1)视觉吸引力

多媒体教育可以通过图像、图表、视频等形式呈现信息,这种视觉吸引力能够引起学生的兴趣。例如,通过展示社会问题的图表和实际影像,学生更容易理解问题的严重性,从而积极参与讨论和思考。

（2）互动性

多媒体技术可以设计互动性强的学习活动，如在线投票、答题互动、模拟情景等。学生可以积极参与这些互动活动，测试自己的理解和知识水平，增强学习的积极性。

（3）多样性的学习资源

多媒体教育可以整合各种多样性的学习资源，包括文本、音频、视频、网络链接等，使学生能够从不同角度和媒体获得信息。这种多样性有助于满足不同学生的学习需求和学习风格，激发他们的学习兴趣。

（4）案例分析和实例呈现

多媒体技术可以用于案例分析和实例呈现，将抽象的理论知识与实际情境相结合。通过呈现成功的实际案例，学生可以更好地理解理论原则的应用，从而增强学习的实用性和吸引力。

（5）随时随地的学习

多媒体教育使学生能够随时随地进行学习，通过电子设备访问学习资源。这种便捷性可以激发学生主动学习的动力，允许他们按照自己的节奏进行学习。

（6）个性化学习体验

多媒体技术可以根据学生的学习进度和兴趣定制学习内容，提供个性化的学习体验。这有助于激发学生的主动性，使他们更加专注于自己感兴趣的领域。

4.促进跨学科融合

多媒体技术为不同学科的融合提供了更广阔的空间。在思想政治教育中，可以将思政理论与历史、经济、社会学等相关学科内容进行融合，呈现出更全面、多维度的知识体系。通过多媒体展示不同学科间的关联，可以帮助学生更好地理解政治理论的多重影响和应用。

（二）引入案例分析与互动讨论

1.连接抽象理论与实际问题

首先，案例分析为学生提供了将抽象思政理论与现实问题联系起来的机会。思政理论往往涉及复杂的概念和原则，对于学生来说，将其直接应用到实际情境可能具有挑战性。然而，通过引入具体案例，可以将这些抽象概念具体化，使学生更容易理解如何将理论知识应用于实际问题。

其次，案例分析有助于学生培养批判性思维和问题解决能力。通过分析案例中的复杂情境和挑战，学生被鼓励提出问题、寻找解决方案，并评估不同的选项。这种思考过程不仅加深了对思政理论的理解，还培养了学生的批判性思维能力。

2.激发学生的主动参与和思考

首先，案例分析鼓励学生积极参与讨论和思考。在教室里，教师可以引入不同领域的案例，引发学生的兴趣和好奇心。这些案例可以涵盖各种主题，从经济和社会问题到环境和伦理议题。学生们被鼓励参与讨论，分享自己的观点和观察，与同学进行互动。这种积极的参与有助于学生更好地理解和应用理论知识。

其次，案例分析要求学生独立思考和问题解决。通过分析案例，学生需要识别问题、找出解决方案，并评估各种选项的优缺点。这种思考过程培养了学生的批判性思维和分析能力，使他们成为更具独立性和创造性的思考者。此外，这种独立思考的能力有助于学生在未来面对复杂问题时更好地应对挑战。

再次，案例分析鼓励学生跨学科思考。案例通常涉及多个领域的知识和概念，要求学生综合运用不同学科的观点和理论。这种跨学科的思考方式有助于学生更全面地理解问题，并将多个角度的信息整合到他们的分析中。这有助于培养学生的综合素养，提高他们的问题解决能力。

最后，案例分析促进了学生之间的合作和互动。在分析案例时，学生通常需要与同学一起工作，共同探讨问题并共同制定解决方案。这种合作有助于学生发展团队合作的技能，提高他们的交流和协作能力。此外，通过听取不同同学的观点和意见，学生可以从多个角度来看待问题，丰富他们的思考。

3.培养实际问题解决能力

首先，案例分析强调问题导向。通过引入实际案例，学生需要面对具体的问题和挑战，而不仅仅是抽象的理论概念。这鼓励学生将理论知识应用于解决实际的、复杂的问题。学生需要识别问题、分析根本原因、找出解决方案，并评估可能的后果。这种问题导向的思考方式培养了学生的问题解决能力，使他们能够更好地应对日常生活和职业中的挑战。

其次，案例分析提供了真实世界的情境。案例通常反映了真实世界中的情境和挑战，这使得学生能够在一个相对安全的环境中练习解决实际问题的能力。学生可以在课堂上模拟真实世界的决策过程，分析现实情况下的各种因素，并制定应对策略。这种情境化的学习有助于学生将理论知识转化为实际行动，并为未来的职业生涯做好准备。

再次，案例分析鼓励学生多角度思考。解决实际问题往往需要多角度的思考和综合考虑。在案例分析中，学生通常需要考虑各种因素，包括经济、伦理、法律、社会和环境等方面的因素。这种多角度思考培养了学生的综合素养，使他们能够更全面地看待问题，不仅仅是从单一的角度出发。

最后，案例分析鼓励学生学会从失败中汲取经验。在解决实际问题的过程中，学生可能会面临失败和挫折。然而，这也是一个宝贵的学习机会。通过分析失败的原因和结果，学生可以更好地理解问题，并在下一次面对类似情境时做出更明智的决策。这种积极的反思和学习能力对于实际问题的解决至关重要。

（三）利用网络教学平台拓展教学形式

网络教学平台为思想政治教育提供了更多的可能性。教师可以在平台上设置在线讨论、互动问答、在线测验等环节，使学生能够在课堂之外也能够参与思想政治学习。此外，还可以利用网络资源，收集和整理与教学内容相关的多样化资料，为学生提供更广泛的学习资源。

1.强化课堂外学习

网络教学平台能够突破传统课堂的时空限制，使学生能够在课堂之外进行学习。教师可以设置在线讨论版块，让学生在课后继续进行观点交流和互动讨论。这有助于拓展学习时间，让学生能够更深入地思考和参与政治学习。

2.提供多样化的学习资源

网络教学平台可以集成多种学习资源，如文献资料、视频课程、案例分析等，为学生提供更广泛的学习内容。教师可以通过平台分享相关学术研究成果、实际案例和政治事件解读，丰富了学生的学习体验。

3.强化互动和参与

网络教学平台为学生提供了更多的互动和参与机会。通过设置在线互动问答、讨论区等功能，学生可以随时提出问题、分享观点，与教师和同学进行交流。这有助于促进学生的主动学习和批判性思维。

4.个性化学习支持

网络教学平台可以根据学生的学习情况和兴趣，为其提供个性化的学习支持。教师可以根据学生的表现情况进行精准指导，为其推荐适合的学习资源和阅读材料，提升学习效果。

（四）融入游戏化元素提升学习体验

游戏化教学是一种将游戏元素融入教育过程中的创新方式。通过设置挑战、奖励等机制，能够激发学生的竞争意识和主动学习欲望。在思想政治教育中，可以设计相关的知识竞赛、模拟决策等游戏，使学生在参与游戏的过程中获得知识，提升他们的学习体验。

1.游戏化教学的优势与原则

游戏化教学作为一种创新的教育方式，在思想政治教育中具有独特的优势，可以提升学生的学习体验和参与度。

（1）激发学习兴趣和积极性

游戏化教学能够激发学生的学习兴趣和积极性。通过设置游戏中的挑战和奖励机制，学生在参与游戏的过程中体验到成就感和满足感，从而更加愿意参与学习并克服学习难度。

（2）增强学习动力和参与度

游戏化教学能够增强学生的学习动力和主动参与度。学生参与游戏时需要积极思考、解决问题，这有助于培养他们的批判性思维和创新能力。

（3）融合理论与实践

游戏化教学可以将理论知识与实际情境相结合。通过设计模拟决策、角色扮演等游戏，学生可以在虚拟环境中体验政治理论的应用，从而更好地理解理论知识的实际意义。

（4）培养团队合作和竞争意识

游戏化教学可以培养学生的团队合作和竞争意识。在多人游戏中，学生需要与他人合作、协调，从中培养出良好的合作能力。同时，竞争机制也能够激发学生的竞争意识，促进他们的学习动力。

2.游戏化教学在思想政治教育中的应用

在思想政治教育中，教育者可以巧妙地将游戏化元素融入教学过程，以提升学生的学习体验和效果。

（1）知识竞赛游戏

教育者可以设计知识竞赛游戏，让学生在游戏中通过回答问题、解决难题来获得分数或奖励。例如，设计政治理论知识竞赛，学生在回答问题时既巩固了知识，又能够体验到竞争的乐趣。

（2）模拟决策游戏

模拟决策游戏可以让学生扮演特定角色，在虚拟场景中进行政治决策。例如，设计模拟政府决策游戏，学生需要在游戏中考虑不同政策选项的利弊，从而培养他们的政策思维和决策能力。

（3）情境互动游戏

情境互动游戏可以将学生置身于特定情境中，要求他们通过与角色互动来解决问题。例如，在教学社会问题时，设计情境互动游戏，让学生扮演不同社会群体的成员，从中体会社会问题的复杂性和多样性。

在面对技术发展对教育内容的塑造时，思想政治教育需要充分认识到新时代大学生的学习特点和需求，积极创新教学方法，运用多种媒体形式和互动方式，使教育内容更具吸引力、趣味性和实用性，从而更好地激发学生的学习兴趣和积极性。

二、不稳定性趋向显著

在信息化时代背景下，网络传播各种类型咨询具有很多特点，比如：范围相当广、速度比较快等等。对大量的信息进行读取以及筛选时，学生多数都不能对问题进行全面分析，很有可能受到表面现象的约束。

（一）信息爆炸和碎片化

首先，互联网的普及和发展已经改变了信息传播的方式。学生现在可以轻松地访问互联网上的大量信息，这包括社交媒体平台、新闻网站、博客和视频分享网站等。这些信息源以惊人的速度提供了大量的信息，使学生能够获取各种不同主题和领域的信息。然而，这也导致了信息的碎片化和分散，学生需要在海量信息中寻找自己感兴趣的内容。

其次，信息碎片化给学生带来了信息筛选和整合的挑战。因为信息的多样性和数量庞大，学生往往需要花费大量时间和精力来筛选和选择最相关的信息。这可能导致学生对问题的理解不够全面，容易受到表面现象的限制。他们可能只看到问题的某一方面，而忽略了问题的其他重要维度。

再次，碎片化的信息可能使学生陷入信息过载和焦虑。学生需要不断处理新的信息，而且信息的更新速度非常快。这可能导致学生感到压力，因为他们难以跟上信息的涌入。信息过载可能导致学习效率下降，情感压力增加，甚至影响到他们的学业表现和心理健康。

最后，碎片化的信息也可能导致学生的注意力分散和浅层思考。社交媒体和短视频平台通常提供简单、刺激性的内容，容易吸引学生的注意力。然而，这种注意力分散可能阻碍了深入思考和分析复杂问题的能力。学生更倾向于接受表面的信息，而不是深入挖掘问题的本质。

（二）信息可信度和真实性问题

首先，互联网上的信息来源广泛，但并不是所有信息都具有同等的可信度。学生在浏览社交媒体、新闻网站和博客时，常常会遇到来路不明的信息，其中一些信息可能经过夸大或虚构，或者包含主观性极强的评论和观点。这使得学生面临着区分真实信息和虚假信息的挑战。

其次，虚假信息的传播速度也很快。一旦虚假信息在社交媒体上流传开来，它们可以迅速传播给大量人群，形成"谣言"的效应。学生可能在不经意间接触到虚假信息，而且虚假信息往往更具吸引力，容易引起点击和分享。这进一步增加了学生被误导的风险。

再次，信息可信度的评估对学生来说可能是一个复杂的任务。他们需要考虑信息的来源、背景、证据支持以及其他相关因素，以确定信息是否可信。然而，这种评估需要一定的信息素养和批判性思维能力，对于一些不具备相关技能的学生来说可能是一项挑战。

最后，信息可信度问题可能导致学生对问题的理解和判断产生误导。如果学生基于虚假信息形成观点，他们的思想和行为可能会受到不准确的信息的影响，这可能对他们的学术研究、社会参与和个人发展产生负面影响。

（三）信息过载和焦虑

首先，互联网时代学生面对的信息量巨大，从不同来源获取信息已经成为日常生活的一部分。他们需要应对各类课程的学术资料、社交媒体上的信息更新、新闻报道、个人研究等等，这些信息涵盖了多个领域和主题。由于信息量庞大，学生可能难以有效地处理和整合这些信息，从而导致学习和研究效率的下降。

其次，信息过载也可能引发学生的焦虑。学生需要面对信息源源不断地涌入，这可能让他们感到紧张和不安。他们可能担心错过重要信息，或者感到无法跟上信息的更新速度。这种焦虑状态可能会对学生的学业和生活造成负面影响，使他们难以集中注意力和有效管理时间。

再次，信息过载还可能导致学生的选择困难。面对大量信息，学生可能不知道应该关注哪些信息，如何筛选和优先处理。这种选择困难可能会产生决策疲劳，使学生感到疲惫和无所适从。

最后，信息过载也可能影响学生的思维深度。由于信息碎片化和快速的信息传递方式，学生可能更容易陷入浅层思考，只关注问题的表面而忽视深层次的思考和分析。这可能影响他们的批判性思维和问题解决能力的发展。

（四）注意力分散和浅层思考

首先，社交媒体和短视频平台的设计注重快速吸引用户的注意力。这些平台采用了许多视觉、声音和心理学上的技巧，以确保用户停留在其应用上。例如，无限滚动的设计、自动播放视频和强烈的视觉效果都可以迅速捕捉用户的眼球。这导致用户在浏览社交媒体或观看短视频时，经常不自觉地沉迷其中，分散了他们的注意力。

其次，社交媒体平台通常以"点赞"、"分享"和评论等互动方式来增加用户的参与感。这种互动性质使用户更容易陷入社交媒体平台，花费大量时间与其他用户互动，而不是专注于深入思考或学术研究。社交媒体上的虚拟互动也可能替代了真实世界中的面对面交流，降低了深度思考的机会。

再次，短视频平台的内容通常以短时限为特点，每个视频通常只有几十秒。这迫使内容制作者将信息压缩成非常简洁的形式，以在有限的时间内传达观点或故事。然而，这也限制了内容的深度和复杂性，使观众更容易接受表面的信息，而不是深入研究问题。

最后，社交媒体上的信息通常是碎片化的，呈现为单一主题或独立事件的片段。这种碎片化可能导致用户难以建立深层次的知识体系或理解复杂的概念，因为他们只接触到信息的断片，而不是整体。这进一步加剧了注意力分散和浅层思考的问题。

第二章　新时代思想政治教育一体化发展模式

第一节　思想政治教育一体化发展模式的内涵

一、思想政治教育一体化发展模式的理念

（一）以"建设"为中心的理念

《关于新时代加强和改进思想政治工作的意见》指出，要把思想政治工作作为治党治国的重要方式，构建共同推进思想政治工作的大格局。党的二十大报告明确提出，要推进大中小学思想政治一体化建设。"构建""推进"作为关键词，体现了以"建设"为中心发展思想政治教育一体化的理念。关于思想政治教育一体化的研究成果较多，不同学者对这一问题的理解角度不同，总体上可以分为主体一体化、内容一体化、过程一体化等多个流派。具体地说，一体化所指向的事物，呈现出各种不同的形态：既有思想政治教育相关活动与思想政治教育的一体化，如党的建设、意识形态工作、人文素质教育、大学文化建设、日常行为管理、安全教育、就业指导等等，又有思想政治教育内部某些方面的一体化，如人文关怀与心理疏导的一体化等等；既有强调事物之间一体化关系的，也有强调一体化建设作为一种导向和活动的，甚至还有研究者将协作以及以前关注较多的学段衔接等，都简单地等同于"一体化"。由此可见，思想政治教育一体化研究领域呈现出"渐欲迷人眼"的景象。这意味着，要想对学校思想政治教育一体化建设的基本理论进行探讨，首先必须进行概念的内涵辩证分析，确立对概念本身的正确认识。

在理解"大中小学思想政治教育一体化建设"这一概念时，在此需要厘清的是思想政治教育本身的一体化，还是建设的一体化。歧义是这样发生的：在胡新峰等引用冯刚关于大中小学思想政治教育一体化建设的论述时，概念发生了有意思的转换，原文中的"建设"一语被省去，成为以下定义式的表述："大中小学思想政治教育一体化是指在加强顶层设计、全面协调的前提下，对大中小学的思想政治教育进行逻辑分层设计，系统构建，使其有机衔接、层层递进，形成横向贯通、纵向连接的教育共同体。"原文中的通过一体化建设形成育人共同体，变成了思想政治教育本身的一体化而体现为育人共同体。之所以强调这一点，是因为关乎学校思想政治教育的总体格局、目标和具体发展思路、措施的确立及运行，因为如果把"学校思想政治教育一体化建设"只理解为它本身的一体化，就会解构概念本身。

如果把"学校思想政治教育"还原为"大中小学思想政治教育",这种解构就会十分明显。因为各个学段的思想政治教育,本来就是社会实践进程的不同阶段,以"大中小学"名之,实质上正是为了揭示各阶段的差异性,并标示各阶段的分工。换言之,当用"大中小学"时,不是为了强调它们都是统一的学校教育过程,而是要强调各阶段要"守好一段渠,种好责任田"。在这里,育人共同体只在宏观层面存在,每个学段只应在本职岗位上对共同体做出接续性的贡献,而不是为了共同体而越出自己的责任范围,去追求协作。若大中小学都在寻求对外协作而非尽好本职责任,作为思想政治教育共同体重要标志的"共效应"何以发生,共同体还能够健康地存在吗?

"建设"既包括宏观上的"整体布局、分段设计、有机衔接、系统推进",也包括具体工作的"统筹安排""循序渐进",比如课程设置、教材编排、队伍建设等等。这也意味着,"大中小学思想政治教育一体化建设"的核心是"建设"工作的一体化,而不是使各学段一体化。在一体化建设中,各学段的差异性必须得到充分尊重。甚至可以说,一体化建设就是要服务于各学段的差异性,通过一体化建设使各学段做好衔接从而形成更大的合力、为育人共同体做出接续性贡献。这也即本文所强调的以"建设"为中心的理念。以"建设"为中心的理念,并不排除思想政治教育者在教育岗位上对育人共同体的努力和贡献,但更强调的是负有建设责任的部门和人员的沟通、协作和行动的一体化。建设的整体性,要求目标和内容体系、资源体系(包括人力资源体系)、行动体系、评价体系的确立、运行,必须在统一的计划、指挥、协调、控制之下,从而实现一体化;建设的实践性,要求计划、指挥、协调、控制的过程必须具有强大的执行力,根本消除上传下达方面的各种阻碍和实际工作中的"令不行、禁不止"现象;建设的长期性,则要求戒除急功近利的心态和颇有形式主义之嫌的轰轰烈烈、热热闹闹,扎扎实实地进行理论研究和工作调查、对象调查,提出真正切实有效的建设措施。

(二)思想政治教育生态理念

自全国高校思想政治工作会议召开以来,党和国家出台一系列思想政治工作的政策文件,为推动思想政治教育一体化建设,形成了良好的思想政治教育生态环境。思想政治教育生态,既是学校思想政治教育一体化建设的目标,又作为一体化建设的前提而存在并发挥作用。这一生态在狭义上是"一切对思想政治教育活动开展及其效果产生各种影响的内外部因素之间关系及结构的总和"。而在广义上,则应指包括思想政治教育活动的生态和对学校思想政治教育一体化建设产生影响的制度生态、文化生态、学术与学科生态、学校生态和人际关系生态等在内的总体性社会生态。所谓"全生态"理念,即在广义的"生态"含义上对总体性社会生态的强调。

全社会生态,首先需要强调学校思想政治教育内部系统的完整性、良好运行机制及关系,尤其是内部系统的完整性。学校思想政治教育一体化建设,是在构建"大思政格局"的社会背景下提出的,因此,对学校思想政治教育系统需要在"大思政"的格局中加以理解。但从此前研究较多的大中小学思想政治课一体化的研究活动及成果中可以发现,对包括职业高中、普通中专、成人中专、技工学校（含技师学院）等在内的中等职业学校的忽视，是一体化建设的思考和探索中普遍存在的问题。中等职业学校师生在思想政治课一体化建设的相关活动中参与程度极低的现象，即是这种忽视的明显佐证。同样在一定程度上遭到忽视的，还有一些以特殊人群为教育对象的学校（如特殊教育）。对于它们的忽视，主要源于它们与普通学校教育之间的客观区隔所导致的"无关"性、"孤立"化，无论教育研究者还是公众对之都缺乏关注，而这类学校的思想政治教育者也无力关注本校围墙之外的世界。

学校思想政治教育一体化建设，不仅是不断的实践探索过程，更需要有一个深入的理论思考和反思的过程。保证这一过程健康发展的，是良好的学术和学科生态。良好的学术和学科生态，不仅可以形成对整个思想政治教育生态"致危因素"的"抵抗力"，而且是"思想政治教育学术的科学化与思想政治教育学术境遇改善"的重要保障。这一生态所面临的挑战，既来自守正创新与标新立异之间的冲突，也可能来自学术竞争和人际关系等因素，还会受到来自社会其他方面深刻而又不具有确定性的影响。寻求这一生态的积极的动态平衡，一直是思想政治教育学术界力求解决但尚未根本解决的难题。

全生态理念，还需要学校思想政治教育系统的良性运行机制和良好的校际关系。为了践行全生态，从而有力推进学校思想政治教育的一体化建设，必须寻找到一条能够保证思想政治教育生态良性发展的道路。因此，以文化统整为中心的多向度社会统整，可在很大程度上不断维持思想政治教育积极的适应性平衡。强调大中小学思想政治教育一体化建设的重心在于建设本身的一体化，要确立思想政治教育共同体的意识，既要强调各学段的方向一致性，又要防止各学段教育教学目标的混同，尤其需要防止简单地以"内容衔接"代替"一体化建设"。引入"多向度统整"理念，意在强化顶层设计之下各子系统居于其自身的生态位，在同一个目标下、同一个生态系统之内参与一体化建设。

具体地说，思想政治教育一体化建设的生态环境可以通过以下途径加以努力：第一，围绕社会主义核心价值观为基本内核的思想政治教育文化，通过以学生生活经验为主题的经验统整、以知识的关联性为主题的知识统整、以资源积聚与供给为主题的资源统整等途径，包括对错误价值观和教育观念、行为的批评，实现学校思想政治教育生态系统的价值统整；第二，围绕思想政治教育实践知识的学术传播与工作交流，通过校际协作和思想政治教育者之间的良好沟通，解决"中职缺场""特殊教育缺场"等问题，消除不良竞争，实现校际整合；第三，围绕对课程文化、学校文化和青年亚文化的深刻把握和积极建构，通过思想政治教育信息、技术等的网络共享，在更大范围内满足教育对象的精神需要，实现效果统整。

形成良好的思想政治教育生态既是思想政治教育一体化建设的必然结果，也是思想政治教育一体化建设的环境要求。

（三）立体化网格化合力育人理念

思想政治教育一体化建设的着眼点在于形成"三全育人"的格局，编织横到边、纵到底的合力育人体系。

传统的思想政治教育一体化理念着重于思想政治教育的横向联接上。强调在同一单位内部不同部门之间形成合力，例如在学校的组织部门、宣传部门、后勤保障部门、行政管理部门之间形成合力。随着对"一体化"认识的深入，思想政治教育纵向层面的联接越来越受到重视，这种纵向联接着重强调在不同阶段、不同单位、不同领域之间形成合力。例如，对大中小思想政治教育一体化建设，就是强调不同学段之间的合力。

立体化网格化合力育人理念在育人主体方面，强调思想政治教育一体化建设要在立德树人根本任务统筹下，形成国家政策引导社会组织有效参与，学校、家庭、社会有效协同，教育者和受教育者良性互动的局面。思想政治教育一体化建设的理论构想和实践过程，是国家、社会和个人共同作用的结果。在顶层设计上，国家是政策制定主体。在实践中，社会和个人是实践主体。从运行过程来看，是自上而下策划、层层推进的过程，需要个人、社会、国家的广泛参与，才能够形成一体化合力育人的局面。

立体化网格化合力育人理念在实践层面上强调学校、家庭、社会等各方要形成密切合作、协同发展的育人合力，促进学生的全面发展。一是学校与家庭合作。学校与家庭应建立紧密的合作关系，共同关注学生的成长和发展。学校可以定期举办家长会、家访等活动，与家长交流孩子的表现和需求，提供家庭教育支持和指导。二是教育资源要整合。各方面的教育资源应得到充分整合和利用。学校可以与社区、企业、社会组织等建立合作关系，共同提供丰富多样的教育资源，如实践机会、导师支持、实习机会等，为学生提供多元化的发展机会。

三是注重培养学生自主能力。注重培养学生的自主学习和自我管理能力。学校可以通过开设学生自治组织、学生志愿者团队等方式，鼓励学生参与组织管理、社会服务等活动，提升学生的领导能力、团队合作精神和社会责任感。四是注重教育环境创设。学校应提供积极的教育环境，激发学生的创造力和创新思维。为学生提供丰富的学习资源、实验设施和信息技术支持，鼓励学生积极参与科学研究、艺术创作等活动，培养学生的创新意识和实践能力。五是注重师资培养和专业发展。教师是育人合力的重要组成部分。学校应关注教师的培养和专业发展，提供相应的培训和支持，让教师能够不断提升教育教学水平，发挥更大的育人作用。

（四）培养社会主义建设者和接班人的理念

习近平总书记在全国教育大会上强调，社会主义建设者和接班人，定语是"社会主义"，这是对培养什么人的本质规定。党的二十大报告指出，教育、科技、人才是全面建设社会主义现代化国家的基础性、战略性支撑。这些重要论述为思想政治教育一体化建设指明了方向，内在要求思想政治教育一体化建设要以培养社会主义建设者和接班人为旨归。首先，思想政治教育是培养社会主义价值观和意识形态的关键环节。通过思想政治教育，年轻一代可以深入了解社会主义的基本原理、理论和实践，并树立正确的世界观、人生观和价值观。这为他们成为社会主义建设者提供了坚实的思想基础。

其次，思想政治教育在培养社会主义建设者和接班人中起到引导和塑造作用。通过思想政治教育，年轻人可以了解社会主义建设的历史背景、目标和方向，了解社会主义的核心价值观和原则。这有助于他们形成正确的世界观和方法论，并在实践中积极投身社会主义事业。

此外，思想政治教育还有助于培养社会主义建设者的责任感和参与意识。通过思想政治教育，年轻人可以认识到自己作为社会主义建设者的责任和使命，进一步激发他们的社会责任感和参与意识。这将推动他们积极参与社会事务，为社会主义建设贡献力量。因此，思想政治教育一体化建设要体现培养社会主义建设者和接班人的价值理念，它通过引导和塑造年轻一代的思想观念和价值观，激发他们的责任感和参与意识，为社会主义事业的不断发展提供坚实的思想基础和人才支持。

二、跨领域融合与思政教育的关系

跨领域融合是整合性思想政治教育的重要途径之一，它强调在不同学科领域之间寻求交叉点和共通之处，以促进思想政治教育的全面发展。

（一）跨领域融合的意义

1. 丰富教育内容与形式

跨领域融合为思想政治教育注入了新的知识元素，丰富了教育内容。传统的思想政治教育往往以政治理论为主，但通过引入其他学科的内容，如历史、文化、社会学等，可以拓展教育的广度和深度，使学生能够更全面地理解社会和政治问题。

同时，跨领域融合还丰富了教育形式。传统的课堂教学方式可能会显得枯燥，而跨领域融合可以引入不同学科的教学方法，如案例分析、实地考察、小组讨论等，使教育更具多样性和趣味性。这种多元化的教育形式有助于激发学生的兴趣，提高他们的参与度和学习动力。

2. 增强思想政治教育的针对性

不同学科之间存在着紧密的联系，跨领域融合可以帮助学生更好地理解和应用思想政治知识。例如，将社会学、心理学等学科的理论与思想政治相结合，可以使学生更深入地分析社会问题，了解政治决策的背后原因，从而提升他们的思维深度和广度。

跨领域融合还能够满足学生的个性化需求。不同学生对不同学科可能有不同的兴趣和优势，跨领域融合可以让学生根据自己的兴趣选择学习内容，从而提高学习的针对性和灵活性。

跨领域融合丰富了思想政治教育的内涵和形式，使其更加贴近学生的实际需求，提高了教育的有效性和吸引力。通过将不同学科的知识和方法融入思想政治教育中，可以培养学生更全面、更深入的思维能力，为他们未来的发展打下坚实基础。

（二）学科之间的互补关系

1.综合性视角的提升

首先，跨领域融合可以帮助学生建立更加综合的视角，使他们能够更全面地理解和分析复杂的问题。思想政治教育通常涉及到伦理、价值观念等方面的内容，而其他学科如历史、社会学和经济学则提供了更广泛的背景和语境。通过将这些学科的内容融入思想政治教育中，学生可以更好地理解党的创新理论在不同历史和社会背景下的演变和应用。

其次，跨领域融合有助于培养学生的跨学科思维能力。传统的思想政治教育往往侧重于独立的学科知识，而跨学科融合鼓励学生将不同学科的知识和方法相互关联和应用。这种综合性思维能力对于解决现实生活中的复杂问题至关重要，因为这些问题往往不仅仅属于一个学科领域，而是涉及多个领域的因素。

再次，跨领域融合可以使学生更好地理解党的创新理论与现实生活的关联。学生通常更容易理解并感受到抽象理论的意义，如果可以将这些理论与实际问题和案例相结合。例如，通过将党的创新理论与历史事件和社会现象联系起来，学生可以更深入地理解理论的实际应用，以及为什么这些理论对社会发展和个体生活具有重要意义。

最后，跨领域融合还可以提高思想政治教育的吸引力和实用性。学生可能对纯粹的思想政治理论课程感到缺乏兴趣，但如果将其他学科的内容融入其中，可以使课程更加生动和具体。这有助于提高学生的参与度和学习积极性，使他们更乐意深入思想政治教育的学习。

总的来看，在新时代背景下，思想政治教育和其他专业的融合具有时代必然性。一方面，思想政治教育需要融入其他专业知识才能够体现出时代性，增强生命力，思想政治教育的"生命线"作用，就是在融入业务工作中才充分显现的。另一方面，其他专业知识也需要融入思想政治教育，这样才能把握专业发展的方向性，体现出为社会主义现代化建设服务的根本属性。

2.跨学科的协同效应

首先，跨学科融合具有促进学科之间协同效应的潜力。不同学科之间常常存在相互关联和交叉的问题和主题，而传统的学科划分往往使得这些问题难以得到全面的解决。通过将不同学科的知识和方法融合在一起，学生可以更全面地理解和解决复杂的问题。例如，在思想政治教育中引入历史学、社会学和心理学等学科的内容，可以使学生更好地理解伦理和社会价值观的演变，以及个体决策背后的心理机制。

其次，跨学科融合还可以促进教育资源的共享与整合。不同学科的教育者可以共同参与教学设计和实施，分享各自的专业知识和经验。这有助于打破学科壁垒，将各领域的最佳实践和资源整合到思想政治教育中。例如，历史学家可以为思政课程提供历史案例和背景，社会学家可以分析社会现象的影响，心理学家可以探讨个体决策的心理机制，从而为学生提供更丰富的学习资源。

再次，跨领域融合有助于培养学生的跨学科思维能力。在传统的学科体系中，学生可能很少有机会接触和理解其他学科的知识和方法。然而，跨学科融合可以鼓励学生将不同学科的知识和方法相互关联和应用，培养他们的跨学科思维能力。这种能力对于解决现实生活中的复杂问题至关重要，因为这些问题往往涉及多个领域的因素。

最后，跨学科融合可以提升思想政治教育的实际应用性和吸引力。学生可能对纯粹的思想政治理论课缺乏兴趣，但如果将其他学科的内容融入其中，可以使课程更加生动和具体。这将有助于提高学生的参与度和学习积极性，使他们更愿意深入思想政治教育的学习，将理论知识与实际问题相结合。

三、一体化模式的实质性特征与目标

（一）一体化思想政治教育模式的实质性特征

1.跨学科整合

首先，跨学科整合是一种教育方法，旨在将不同学科领域的知识和方法相互融合，以更全面地理解复杂的社会。传统的思想政治教育往往将学科划分得较为明确，强调党的创新理论和思想道德教育，但这种划分有时会限制学生对问题的全面认知。一体化思想政治教育模式通过将历史、社会学、哲学、心理学等多个学科的内容整合到教学中，拓展了学生的知识视野，使他们能够更好地理解问题的多重维度。

其次，跨学科整合有助于培养学生的跨学科思维能力。当学生接触到来自不同学科的知识和方法时，他们被鼓励去思考如何将这些知识整合起来，以解决复杂的问题。这种跨学科思维能力不仅有益于思想政治教育，还对学生未来的学术研究和职业发展具有重要价值。它培养了学生的综合性思考和分析能力，使他们能够更好地应对多领域的挑战。

再次，跨学科整合有助于加强不同学科领域之间的协同合作。在一体化思想政治教育模式下，教育者来自不同学科背景，需要共同参与课程设计、教材编写和教学实施。这种协同合作不仅有助于丰富教育资源，还促进了教育者之间的交流与合作。教育者可以分享各自的专业知识和经验，从而提高教育的质量和深度。

最后，跨学科整合有助于提高思想政治教育的实际效果。通过将不同学科的知识和方法整合到教育中，学生更容易将理论知识应用到实际问题中，培养实际问题解决能力。他们可以通过跨学科的学习体验，更好地理解伦理、社会价值观和决策背后的多重因素。

2.实践导向

首先，实践导向的思想政治教育模式通过将理论知识与实际问题相结合，使学生能够更好地理解和应用所学内容。传统的思想政治教育往往以抽象的思想政治理论和伦理原则为主，学生难以将这些理论与实际问题联系起来。而一体化思想政治教育模式通过引入实际案例和社会问题，为学生提供了更具体、更实际的学习体验。这种实际问题导向的教育有助于学生更深入地理解思想政治和伦理问题，并将其应用于实际生活中。

其次，实践导向的思想政治教育模式鼓励学生积极参与社会实践。学生不仅仅是知识的被动接受者，还是实际问题的解决者和参与者。他们有机会参与社区服务、志愿活动、社会调研等实践项目，通过亲身经历解决问题，培养实际问题解决能力。这种参与式的学习体验不仅激发了学生的兴趣，还加强了他们的责任感和社会参与意识。

再次，实践导向的思想政治教育模式注重项目研究和案例分析。学生有机会参与各种研究项目，深入探讨特定问题，进行数据收集和分析，提出解决方案。同时，学生通过案例分析学习已有的成功或失败案例，从中汲取经验教训。这种项目研究和案例分析有助于学生培养批判性思维和问题解决能力，使他们能够更好地应对未来的挑战。

最后，实践导向的思想政治教育模式提高了思想政治教育的实效性。学生通过实际参与和实践活动，不仅更好地理解了理论知识，还培养了实际问题解决的能力。这种实效性使思想政治教育更具吸引力，学生更容易将所学知识与实际问题相结合，为未来的职业和社会参与做好充分准备。

3. 多元化教学方法

首先，多元化教学方法的采用使得思想政治教育更具活力和吸引力。传统的思想政治教育模式往往以课堂讲授和知识灌输为主，学生被动接受知识。而一体化思想政治教育模式引入了多种教学方法，如小组讨论、角色扮演、案例分析、实地考察等，使教学过程更加生动和互动。这种互动性激发了学生的兴趣，使他们更积极地参与学习。

其次，多元化教学方法有助于满足不同学生的学习需求。每个学生都有自己的学习风格和强项，一种教学方法可能适合某些学生，但不适合其他学生。通过采用多种教学方法，一体化思想政治教育模式能够更好地满足不同学生的学习需求。例如，一些学生可能更喜欢小组讨论，而另一些学生可能更喜欢实地考察。这种个性化的学习体验有助于提高学生的学习效果。

再次，多元化教学方法可以促进学生的批判性思维和问题解决能力。在小组讨论和案例分析中，学生需要分析和讨论复杂的问题，提出自己的观点和解决方案。这种过程培养了学生的批判性思维能力，使他们能够更好地理解和分析伦理和思想政治问题，提高问题解决能力。

最后，多元化教学方法提高了思想政治教育的吸引力和实用性。学生通过参与不同的教学活动，不仅仅是获取知识，还培养了实际问题解决的能力。这种实用性使思想政治教育更具吸引力，学生更容易将所学知识应用于实际生活中，为未来的职业和社会参与做好准备。

4. 教育资源共享

首先，教育资源共享强调跨学科的协同合作。在传统的思想政治教育模式中，各学科往往是独立的，教育者主要关注自己学科领域的知识传授。然而，一体化思想政治教育模式鼓励不同学科领域的教育者之间建立合作关系，共同探讨如何整合各自学科的知识和方法，以提供更丰富、更全面的教育体验。

其次，教育资源共享有助于教材的编写与创新。一体化思想政治教育需要开发新的教材和教学资源，以满足跨学科整合的需求。教育者可以共同编写教材，将各学科领域的内容有机整合到教材中，以提供学生更多角度的视角和知识。这种合作也鼓励教育者创新教材和教学方法，使其更适应现代学生的需求和学习方式。

再次，教育资源共享可以提高学生的综合素养。学生将从不同学科领域的教育者那里获取知识和经验，培养综合素养，包括思辨能力、创新能力、团队合作能力等。这有助于学生更好地应对未来的挑战，不仅仅是在学术领域，还在职业和社会参与方面。

最后，教育资源共享有助于提高教育的效率和质量。通过合作与共享，教育者可以充分利用彼此的专业知识和经验，提供更高质量的教育。这也有助于减轻教育者的工作负担，使他们能够更专注于教育内容和学生的需求。

5.培养综合素养

首先，一体化思想政治教育模式通过跨学科整合的方式，培养学生的思辨能力。传统的思想政治教育往往将思想政治理论灌输给学生，而一体化思想政治教育模式则注重将思想政治理论与其他学科领域的知识相结合。这种跨学科的整合要求学生能够在不同学科领域中进行思考和对比，从而培养了他们的思辨能力。

其次，一体化思想政治教育模式强调创新能力的培养。创新是现代社会中非常重要的能力之一，一体化思想政治教育通过引入实践导向的教学方法，鼓励学生主动参与项目研究、社会实践和实际问题解决，培养了他们的创新精神。学生在实践中需要思考新的解决方案，提出创新性的建议，这有助于锻炼他们的创新能力。例如，学生可以参与社区服务项目，提出改善社会问题的创新方案，从而将理论知识转化为实际行动。

再次，一体化思想政治教育模式注重团队合作能力的培养。现代社会中，团队合作是一项重要的能力，而一体化思想政治教育模式通过采用多元化的教学方法，如小组讨论和团队项目，培养了学生的团队合作技能。学生需要学会与不同背景和专业知识的同学协作，共同解决复杂问题。这种团队合作不仅加强了学生之间的互动，还促进了不同学科领域的交流与合作。

最后，一体化思想政治教育模式注重实际问题解决能力的培养。学生通过参与社会实践、案例分析和项目研究等活动，将所学理论知识应用于实际问题的解决。这种实际问题解决的过程需要学生综合运用各种知识和技能，培养了他们的实际问题解决能力。例如，学生可以参与社会调查研究，分析社会问题的根本原因，并提出可行的解决方案，从而提高了他们的问题解决技能。

（二）一体化思想政治教育模式的目标

培养全面发展的公民：该模式旨在培养具备思想政治素养、社会责任感和道德品质的全面发展的公民。学生应该不仅具备思想政治理论知识，还应该有能力理解和参与社会事务，具备道德判断和决策的能力。

1.提高问题解决能力

首先，一体化思想政治教育模式的目标之一是提高学生的问题解决能力。传统的思想政治教育模式主要注重思想政治理论的传授，学生往往只被动地接受知识，而不够注重他们解决实际问题的能力培养。然而，在信息化和全球化的背景下，社会和思想政治问题愈加复杂，要求学生具备更高水平的问题解决能力。

一体化思想政治教育模式通过将理论知识与实际问题相结合，鼓励学生积极参与社会实践、案例分析和项目研究等活动，使他们能够在实际情境中运用所学知识来解决问题。这种实践导向的教育方式，培养了学生主动分析和解决问题的能力。他们学会如何识别问题的核心要素，采用系统性的思考方法，提出切实可行的解决方案。这有助于学生更好地应对社会和职业生活中的各种挑战，提高他们的综合素养和竞争力。

其次，一体化思想政治教育模式还注重培养学生的综合素养，包括批判性思维、创新能力、团队协作能力和社会责任感。这些素养与问题解决能力密切相关。学生在跨学科的教学环境中，需要运用不同学科领域的知识和方法，进行综合性的思考和分析。他们还需要与其他学生合作，共同解决复杂的问题，这培养了团队协作和社会责任感。此外，学生在实际问题解决过程中，常常需要创新思维，提出新颖的解决方案。这进一步促进了创新能力的培养。

最后，一体化思想政治教育模式也有助于学生培养对社会问题和伦理挑战的更深刻理解。通过实际参与社会实践和案例研究，学生能够更全面地了解社会的复杂性和多样性。他们将深入思考伦理问题，反思社会价值观，并培养自己的社会责任感。这种综合素养的培养不仅有助于问题解决，还有助于培养更全面的公民意识和社会参与能力。

2.培养跨学科思维

首先，一体化思想政治教育模式的目标之一是培养学生的跨学科思维能力。在传统的思想政治教育模式下，学生通常只接触到思想政治理论和思想道德课程，这可能导致他们对问题的理解相对狭隘和单一。然而，现实生活中的问题往往具有复杂性和多样性，需要综合运用不同学科领域的知识和方法来全面理解和解决。因此，培养学生的跨学科思维能力显得尤为重要。

一体化思想政治教育模式通过将思想政治理论与其他学科领域的内容融合，例如历史、社会学、心理学等，为学生提供了更广泛的知识基础。学生在这种跨学科的学习环境中，不仅能够更深入地理解思想政治问题，还能够将其他学科的观点和方法运用到思想政治分析中。这种综合性的学习方式有助于拓展学生的思维边界，使他们能够以更全面、更多元的角度看待世界和社会。

其次，跨学科思维还有助于培养学生的创新能力。当学生能够将不同学科的知识和方法融合运用时，他们更容易产生创新的思维和创造性的解决方案。跨学科思维能力鼓励学生跳出传统思维框架，提出新颖的观点和方法，这对于解决复杂问题和推动社会进步至关重要。

最后，跨学科思维有助于培养学生的全球意识。在全球化时代，世界各地的问题和挑战相互关联，需要全球性的视野和跨文化的理解。通过学习不同学科领域的知识，学生可以更好地理解全球问题，并为解决这些问题提供更有效的途径。

3.激发创新和创造力

首先，一体化思想政治教育模式的目标之一是激发学生的创新和创造力。在传统的思想政治教育模式下，学生通常被灌输一定的思想政治理论和伦理观念，而鲜有机会锻炼创新思维和创造能力。然而，在现代社会，创新和创造力是高度重要的素质，对于解决复杂问题和推动社会进步至关重要。

一体化思想政治教育模式通过引入跨学科的知识和多元化的教学方法，为学生提供了更广泛的思维空间。学生不再局限于传统的思想政治学科，而是能够接触到来自其他学科领域的观点和方法。这种多元性激发了学生思考问题的不同角度和方法，促使他们更加开放和创新。

其次，实际问题解决活动是一体化思想政治教育模式的重要组成部分，也是激发学生创新和创造力的关键环节。学生在参与社会实践、项目研究和案例分析等活动时，需要面对各种实际问题和挑战，这些问题常常不同于传统的教科书题目，需要学生提出新的思路和解决方案。这种实践性的学习环境有助于培养学生的实际问题解决能力和创新思维。

再次，多元化的教学方法也有助于激发创新和创造力。一体化思想政治教育模式采用小组讨论、角色扮演、案例分析、实地考察等多种互动式教学方法，这些方法强调学生的主动参与和合作。在这些活动中，学生需要共同探讨问题、提出解决方案，这有助于激发他们的创新思维和创造性合作。

最后，一体化思想政治教育模式鼓励学生思考现实社会中的伦理和价值观问题。学生需要探讨不同观点和立场，并提出自己的看法和解决方案。这种伦理思考有助于培养学生的伦理判断力和道德创新，使他们能够在伦理挑战面前提出创新的伦理观点和解决方案。

4.培养社会责任感

首先，一体化思想政治教育模式的目标之一是培养学生的社会责任感。在传统的思想政治教育模式下，学生通常接触到抽象的伦理原则和社会理念，但很少有机会深入了解实际社会问题和挑战，以及他们个人在其中的责任。一体化思想政治教育通过引入实际问题和案例分析，使学生更加贴近社会现实，了解社会的多样性和复杂性。这种深入了解激发了学生的社会责任感，使他们更加自觉地承担社会责任。

其次，实践导向的学习活动是培养学生社会责任感的有效途径之一。在参与社会实践和项目研究等活动时，学生直接接触到社会问题和社会需求。通过亲身参与和实践，他们深刻体验到自己的行动可以对社会产生积极影响。这种体验有助于激发学生的社会责任感，使他们认识到自己有能力为社会福祉和发展作出贡献。

再次，一体化思想政治教育模式鼓励学生积极参与社会服务和社会改革。学生被鼓励提出解决社会问题的创新方案，参与志愿活动，积极参与社会组织和社会运动。这种积极参与不仅可以解决实际问题，还可以培养学生的社会责任感和领导能力。学生将意识到他们的行动可以对社会产生积极影响，这种认识将激励他们积极投身社会事务。

最后，一体化思想政治教育模式强调伦理思考和道德教育。学生被鼓励思考伦理问题、价值观和社会公平正义等议题。这种伦理思考有助于培养学生的社会责任感和道德判断力，使他们能够更好地理解自己在社会中的道德责任。学生将更加自觉地考虑自己的行为对他人和社会的影响，从而更好地承担社会责任。

第二节　构建思想政治教育一体化发展模式的原则

一、个性化与整体性的平衡原则

新时代思想政治教育一体化发展模式的构建应当充分考虑个体差异，注重个性化发展，同时保持整体性的平衡。个性化发展原则强调根据学生的兴趣、能力和特点，设计个性化的学习路径和方案，使每个学生能够在思想政治教育中充分发挥自己的优势。然而，个性化并不意味着孤立发展，而应与整体性相结合，确保学生在综合素质、社会责任等方面都能够得到充分培养。教育机构可以通过设置个性化选修课程、提供个性化辅导等方式，满足学生的个性需求，同时也要确保整体性的教育目标不被削弱。

（一）个性化发展的重要性与意义

个性化发展原则是新时代思想政治教育一体化发展模式的重要组成部分，其核心在于充分尊重和关注每位学生的个体差异，根据其兴趣、能力、特点和发展需求，量身定制学习路径和方案，以实现最优化的教育效果。这一原则的实施能够激发学生的学习兴趣，提高学习积极性，促进其全面发展，从而更好地适应社会变革和发展需求。

1.个性化发展的理论依据

教育学认为，每个学生都是独特的个体，其发展路径和需求有所不同，因此应根据其个体特点进行有针对性的教育。心理学研究也表明，个性化的教育能够激发学生的内在动机，提高学习效果。因此，将个性化发展原则引入思想政治教育是符合教育学和心理学原理的。

2.个性化发展的价值与意义

个性化发展能够更好地满足学生的学习需求和发展期望，促使他们在思想政治教育中取得更好的学习成效。此外，个性化发展还有助于培养学生的自主学习能力和创新能力，使其能够更好地适应知识经济和信息时代的发展需求。

（二）个性化发展的实施策略与方法

1.个性化选修课程的设置

教育机构可以根据学生的兴趣和需求，设置丰富多样的个性化选修课程，涵盖不同领域的内容，使学生能够根据自己的兴趣进行选择。这些选修课程可以涵盖不同学科、领域和主题，满足学生多样化的知识需求，同时也能够拓宽他们的学科视野。

2.个性化辅导与指导

教育机构可以提供个性化的辅导和指导服务，帮助学生制定学习计划、解决学习问题，以及发现和发展个人的潜能和优势。个性化辅导可以包括学习方法指导、职业规划建议等，从而更好地引导学生的发展方向。

3.引入项目式学习和实践活动

通过引入项目式学习和实践活动，可以为学生提供更加灵活和开放的学习机会，让他们根据自己的兴趣和目标选择参与的项目，从而更好地发展个人素质和能力。项目式学习可以培养学生的解决问题能力、团队协作能力和创新能力，同时也有助于实现个性化发展目标。

（三）整体性教育目标的坚守与强化

虽然个性化发展原则强调满足学生的个体需求，但整体性教育目标也同样重要，不能被忽视或削弱。教育机构在实施个性化发展时，应当充分考虑整体性目标，确保学生在综合素质、社会责任等方面得到全面培养。在追求个性化的同时，不能忽视学生的共性需求，确保他们具备基本的思想政治素养和知识体系。

1.整体性教育目标的确定

在构建新时代思想政治教育一体化发展模式时，应明确整体性教育目标，确保个性化发展不脱离学生的基本需求。这些整体性目标可以包括培养学生的国家意识、社会责任感、法治观念等，以及提升学生的综合素质和跨学科思维能力。

2.教育内容的整合与衔接

个性化发展和整体性教育目标之间需要建立有机的联系和衔接。教育机构可以通过精心设计的教育课程和项目，将个性化发展与整体性目标融为一体。例如，将个性化选修课程与核心思想政治课程相结合，使学生在追求个人兴趣的同时，也能够获得必要的思想政治素养。

3.教育评价体系的建立

建立科学合理的教育评价体系，是保障整体性教育目标的实现的重要手段。评价体系应当综合考量学生的个性发展和整体素质，包括知识水平、能力表现、综合素质等多个方面。通过有效的评价，可以确保个性化发展不脱离整体性教育目标，促使学生在追求个人兴趣的同时，也能够达到全面发展的要求。

二、理论与实践的紧密结合原则

新时代思想政治教育一体化发展模式的构建要求紧密结合理论教育和实践教育，使学生能够在实际问题中运用所学的思想政治知识，提升解决问题的能力和创新思维。

（一）理论与实际问题的连接

1.实际案例的引入与分析

在新时代思想政治教育一体化发展模式中，将思想政治教育理论与实际问题相连接具有重要意义。引入实际案例是一种有效的方法，能够帮助学生将抽象的思想政治教育观念与具体的社会现象相联系。教育机构可以选取具有代表性的社会问题或历史事件，引导学生分析其中的思想内涵和影响。

2.实际问题的解决与应用

连接理论与实际问题还需要强调知识的应用能力。教育机构可以设计相关的学习任务或项目，要求学生运用所学的思想政治知识解决具体实际问题。例如，学生可以从思想政治教育的角度出发，分析当前社会热点问题，提出解决方案并进行讨论。这种实践性任务能够促使学生将理论知识应用于实际情境，培养他们的问题解决能力和创新思维。

（二）实践活动的融入

1.社会实践的组织与参与

实践活动的融入是实现理论与实践紧密结合的重要途径之一。教育机构可以组织学生参与社会实践活动，让他们亲身体验思想政治在实际中的运用。例如，学生可以参与社区服务、社会调研等活动，在实际中感知和理解思想政治的实际价值。通过实际参与，学生能够更深刻地体会思想政治对于解决社会问题的指导作用。

（2）案例分析与讨论

教育机构可以设计案例分析和讨论环节，让学生从实际问题出发，运用思想政治知识进行深入分析和讨论。通过针对性案例的讨论，学生可以探究思想政治在实际决策中的应用，从而提高他们的实际问题解决能力和批判性思维。

（三）跨学科综合实践项目

1.跨学科合作与整合

跨学科综合实践项目是实现理论与实践紧密结合的有效手段之一。教育机构可以组织跨不同学科的学生团队，共同参与解决一个复杂的实际问题。例如，在解决社会环境问题时，环境科学、社会学等多个学科的知识都可以得到应用。通过跨学科合作，学生可以从不同角度理解和解决问题，培养综合分析和合作能力。

2.实际应用与成果展示

跨学科综合实践项目的一个重要环节是实际应用和成果展示。学生需要将他们的理论研究和实际应用相结合，提出切实可行的解决方案，并将其呈现给相关利益方。这不仅能够强化学生的实际问题解决能力，还能够培养他们的沟通和表达能力。

三、适应性与创新性的统一原则

适应性原则要求教育机构深入了解社会变革和学生需求，不断调整和优化教育内容和方法。教育模式应当能够紧密贴合时代发展和社会变革的需要，培养具有创新精神和实践能力的高素质人才。

创新型原则体现在思想政治教育的互动参与、实践导向、教育方法改革、精准化教育等多个方面，注重对学生对理想信念、价值理念、道德观念的塑造，关注学生个体的全面发展。

（一）注重时代的适应性

首先，适应性原则强调教育模式必须与时代发展相契合，能够解决当下社会面临的问题和挑战。例如，在数字化时代，教育机构可以借助新兴技术，将思想政治教育融入线上平台，提供更便捷的学习方式，满足学生的学习需求。

其次，适应性原则还要求关注学生的个体差异，满足不同学生的学习需求。每位学生在兴趣、学习能力和学习风格等方面存在差异，教育模式应当能够提供多样化的学习途径和内容，确保每个学生都能够得到有效的教育。

最后，适应性原则还强调教育内容的实用性。教育机构应当根据社会需求和学生就业等实际情况，调整教育内容，培养具有实际应用能力的人才。例如，在培养创业精神方面，教育机构可以引入创业政策、创新管理等内容，帮助学生更好地应对职业挑战。

（二）在适应时代变迁的过程中把握思想政治教育的创新性

首先，新时代思想政治教育的创新之一是将不同学科领域的知识和方法有机整合在一起。这一原则通过将政治理论与历史、社会学、经济学等多个学科的内容融合，鼓励学生综合运用多元知识来理解和分析社会问题。这种跨学科整合有助于打破学科壁垒，培养学生的综合性思维能力，使他们能够更全面地理解伦理和社会价值观的多样性。

其次，注重将理论知识与实际问题相结合，培养学生的实际问题解决能力。学生通过参与社会实践、项目研究和案例分析等活动，将所学理论知识应用于实际情境中，从而更好地理解和掌握知识。这种实践导向的方法使教育更加实效，学生能够积极参与社会发展并应对现实生活中的挑战。

再次，一体化发展模式采用多种教学方法，如小组讨论、角色扮演、案例分析、实地考察等。这种多元化的教学方法不仅提高了学生的学习积极性和主动性，还促进了教育的互动性和吸引力。学生通过不同的教学方式更好地理解和吸收知识，培养了批判性思维和分析能力。

最后，新时代思想政治教育鼓励不同学科领域的教育者之间的协作与共享。这一原则鼓励教育者共同参与课程设计、教材编写和教学实施，以提供学生更丰富的学习资源。这也有助于打破学科壁垒，促进教育资源的整合，提供更全面的教育体验。

（三）适应性与创新性的统一与平衡

1. 统一发展目标

适应性与创新性的统一原则强调在保持适应性的前提下，通过创新来实现发展目标的统一。教育机构应当明确教育目标，同时注重在教学内容、方法和形式上进行创新，以更好地满足社会需求和学生发展。

2. 灵活地教学策略

适应性与创新性的统一要求教育机构采取灵活的教学策略。根据不同时期的需求和学生的特点，可以灵活调整教育模式和内容，保持创新性的同时确保适应性。这需要教育机构不断进行教学实践的探索和总结。

3.培养创新思维

创新思维是新时代思想政治教育一体化发展模式的核心要素之一。教育机构应当通过教学设计和实践活动，培养学生的创新意识和创造能力。以下是实现适应性与创新性统一的几点关键措施：

（1）创新型课程设计

教育机构可以开发创新型课程，突破传统的思想政治教育模式，引入新颖的教学内容和方法。例如，设计鼓励学生主动探索和实践的课程，让他们从实际问题出发，运用思想政治教育知识解决问题，培养创新思维和实际应用能力。

（2）创新性实践项目

创新性的实践项目能够激发学生的创新精神。教育机构可以组织学生参与具有挑战性和创新性的实践项目，让他们在实际操作中运用思想政治教育知识，解决实际问题。例如，学生可以通过政策研究、社会调查等项目，提出独立见解，培养创新思维和问题解决能力。

（3）跨学科合作与创新

创新性的跨学科合作可以促进学生跨界思维。教育机构可以鼓励不同学科的教育者合作设计课程或项目，让学生在多学科交叉的环境中进行学习和探索。通过跨学科合作，学生能够从多个领域获取知识，培养创新思维和综合分析能力。

（4）创新性评价方式

评价方式的创新可以激励学生的创新努力。教育机构可以设计创新性的评价方式，如项目展示、实际应用报告等，让学生展示他们在实际问题中运用思想政治教育知识解决问题的能力。通过这种方式，可以更全面地了解学生的创新思维和实际应用能力。

第三节　构建思想政治教育一体化发展模式的路径

一、教师培训与专业发展的路径

（一）提升教师综合素质

在构建新时代思想政治教育一体化发展模式的过程中，教师的专业素质和能力是关键因素。为了实现这一目标，教育机构可以采取多种方法，包括：

1.培训计划设计

在构建新时代思想政治教育一体化发展模式的过程中，为教师提供系统性的培训计划至关重要。这一计划应当涵盖思想政治教育的专业知识、教育心理学、教学方法等多个方面。培训内容可以分为不同层次和阶段，从基础知识到高级教学技能的培养，以帮助教师建立坚实的教育基础。培训课程可以通过线上线下相结合的方式进行，借助现代科技手段，让教师能够随时随地进行学习和培训。

2.专业导师指导

为了提升教师的专业素质和能力，引入专业导师制度是一种有效的方法。专业导师可以是经验丰富的资深教师或教育专家，他们可以为教师提供个性化的指导和辅导。导师可以通过定期交流、课堂观摩、教学设计指导等方式，帮助教师改进教学方法、解决教学难题，提升其教学水平和专业素养。

3.学术研讨会

定期组织学术研讨会和讲座是提升教师综合素质的重要途径之一。教育机构可以邀请国内外的思想政治教育专家学者，分享最新的理论研究成果和实践经验。教师可以通过参与学术研讨会，了解学科前沿动态，拓宽思维视野，促进教学理念的更新和教育方法的创新。

4.教学观摩交流

鼓励教师开展教学观摩交流活动，可以促进教师之间的互相学习和经验分享。教育机构可以组织教师互访，让教师有机会观摩其他领域教师的优秀教学实践。通过观摩，教师可以借鉴其他领域的成功经验，将其运用到思想政治教育中，提升教学质量。

通过上述方法，教育机构可以提升教师的综合素质，增强其思想政治教育的专业知识和教学能力。这些措施有助于构建高水平的新时代思想政治教育一体化发展模式，培养具有综合素质和创新能力的优秀人才。

（二）强化教师跨学科能力

思想政治教育的一体化发展模式要求教师具备跨学科教学能力，能够将思想政治知识与其他学科内容有机融合，从而提升学生的综合素质和跨学科思维能力。以下是加强教师跨学科能力的途径：

1.跨学科培训

跨学科教学能力是教师在思想政治教育一体化发展模式中的关键要素。教育机构可以设计专门的跨学科培训课程，帮助教师深入理解不同学科之间的关联，学习如何将多学科知识有机融合到思想政治教育中。培训内容可以涵盖跨学科教学方法、学科融合的策略、案例分析等，使教师能够更好地实施跨学科教育，提升学生的综合素质和跨学科思维能力。

2.合作教学

合作教学是促进跨学科教育的有效途径之一。教育机构可以鼓励教师与其他学科的教师合作，共同设计和开展跨学科教学活动。例如，思想政治教育可以与历史、文化、社会等学科进行有机融合，通过联合课程、项目等形式，让学生从不同角度深入理解政治问题。合作教学不仅丰富了教学内容，还促进了学科之间的交流与合作，拓宽了学生的学习视野。

3.学科交流平台

建立学科交流平台是强化教师跨学科能力的重要方式。教育机构可以设立定期的学科交流会议、研讨会、工作坊等，为教师提供一个分享经验、交流教学方法的平台。教师可以在这些交流活动中分享自己的跨学科教学实践，学习他人的成功经验，探讨跨学科教学的创新方法。通过学科交流平台，教师可以相互启发，共同提升跨学科教育的水平。

通过以上途径，教育机构可以有效地强化教师的跨学科能力，使他们能够将不同学科的知识融合到思想政治教育中，为学生提供更丰富、更综合的学习体验，培养跨学科思维和创新能力。这有助于构建更具有实际应用价值的思想政治教育一体化发展模式。

（三）激发教师创新能力

为了适应新时代的需求，教师应具备创新能力，能够设计富有创意的教学内容和活动，激发学生的学习兴趣和创新思维。以下是培养教师创新能力的方法：

1.创新培训课程

为培养教师的创新能力，教育机构可以开设专门的创新教育培训课程。这些课程可以涵盖创新教学方法、教育技术的应用、教学设计等内容，帮助教师了解如何在思想政治教育中引入创新元素。通过培训，教师可以掌握设计富有创意的教学活动的技巧，从而激发学生的学习兴趣和创新思维。

2.鼓励教师创新实践

教育机构可以设立教育创新项目基金，鼓励教师申请资金支持开展创新实践。教师可以通过申请资金来开发教学工具、设计新型课程、组织创新活动等，从而提升教学的创新度。这种支持机制可以激发教师积极参与创新实践，为思想政治教育注入新的活力。

3.教育科研支持

为了推动教学方法和教材的创新，教育机构可以提供教育科研支持。鼓励教师参与思想政治教育的研究，开展教育实践的反思与探索，从而不断改进教学内容和方法。通过教育科研的支持，教师可以更好地将理论与实践相结合，为学生创造更有启发性的学习体验。

4.创新教学示范

教育机构可以评选和表彰在思想政治教育中具有创新实践的教师，通过创新教学示范来激发其他教师的创新意识。这些示范教师可以分享自己的创新教学案例和经验，为其他教师提供借鉴和启发。这种示范效应可以在教师群体中传播创新理念，推动整体教育的创新发展。

5.专业交流平台

为教师搭建专业交流平台是培养创新能力的有效途径。教育机构可以组织定期的专业研讨会、教学沙龙、在线社区等，让教师可以分享创新教学案例和经验。在这些平台上，教师可以相互交流、互相启发，共同探讨如何在思想政治教育中实现创新。这种交流可以促使教师不断反思和改进自己的教学实践，不断提升创新能力。

通过上述方法，教育机构可以培养教师的创新能力，使他们能够设计富有创意的教学内容和活动，为学生提供更具有启发性和创新性的学习体验。这有助于构建适应新时代需求的思想政治教育一体化发展模式。

二、教育资源整合与优化配置的路径

（一）教育资源整合平台的建设

为了实现思想政治教育的一体化发展，教育机构可以借助现代信息技术，建设教育资源整合平台。这个平台可以整合不同学科的教学资源，包括课件、案例、教材等，为教师和学生提供多元化的学习资源。

1.平台建设的必要性

在构建新时代思想政治教育一体化发展模式的过程中，教育资源整合平台的建设具有重要的必要性。随着信息技术的不断发展，教育资源的种类和数量不断增加，但这些资源往往分散在不同的学科和部门中，教师和学生很难进行有效地获取和利用。建设教育资源整合平台可以有效地将分散的资源整合在一起，为教师和学生提供便捷的获取途径，促进跨学科教学的开展，提升思想政治教育的质量和效果。

2.平台功能和内容

教育资源整合平台应具备多样化的功能，以满足教师和学生的不同需求。首先，平台可以整合各类思想政治教育资源，包括思想政治教材、教案、课件、多媒体资料等。其次，平台可以提供在线学习和互动的功能，例如在线课程、讨论区、互动平台等，为学生提供自主学习和合作学习的机会。此外，平台还可以设置个性化学习路径和推荐系统，根据学生的兴趣和需求推荐相关学习资源，提供定制化的学习体验。

通过建设教育资源整合平台，教育机构可以更好地支持新时代思想政治教育的一体化发展，提供丰富的教育资源和学习机会，促进跨学科合作和综合素质培养，培养具有创新能力和实践能力的高素质人才。

（二）资源配置的优化

在教育资源配置方面，需要注意合理分配不同学科的资源，确保思想政治教育与其他学科之间的平衡。教育机构可以制定资源分配指导原则，根据教学需求和学科特点，优化资源配置，确保每个学科都能够得到充分发展。

1.平衡思想政治教育与其他学科的资源分配

在构建新时代思想政治教育一体化发展模式中，教育资源的合理配置至关重要。平衡思想政治教育与其他学科的资源分配，既能确保思想政治教育的全面发展，又能保障其他学科的教学质量。为此，教育机构可以制定资源分配指导原则，明确资源配置的优先次序和标准，以达到合理分配的目的。

2.资源分配的指导原则与标准

（1）教学需求导向

资源分配应以教学需求为导向，根据学科教学的特点和要求，合理配置师资、教材、设备等资源。思想政治教育和其他学科的资源配置应当根据实际教学需要进行调整和优化，确保教学质量和效果。

（2）综合素质培养为重点

在资源分配时，要突出综合素质培养的重要性，将资源倾斜于跨学科教学、实践活动和创新实验等领域，以培养学生的综合能力和创新思维。

（3）公平公正原则

资源分配应当遵循公平公正原则，确保每个学科都能够得到公平的资源支持。思想政治教育和其他学科之间的资源分配要平衡，避免出现片面倾斜的情况。

（4）灵活调整与动态管理

教育机构应建立灵活的资源分配机制，能够根据教育发展和学科需求进行动态调整。资源分配不应固化，而是需要根据实际情况进行灵活管理和调整。

（三）多元化教育资源的引入

教育机构应积极引入多元化的教育资源，包括数字化教材、在线课程、教学工具等。这些资源可以丰富教学内容和形式，满足学生不同的学习需求，促进思想政治教育与其他学科的融合。

1. 数字化教材的应用

数字化教材是一种重要的多元化教育资源，可以将思想政治教育与其他学科内容有机结合，为学生提供丰富的学习材料。教育机构可以开发数字化教材，将思想政治理论与实际案例、多媒体资料等相结合，使学生能够在互动性更强的环境中学习，提高学习效果。

2. 在线课程的开发与应用

在线课程是实现多元化教育资源的重要途径，可以跨越时空限制，让学生在不同地点、不同时间进行学习。教育机构可以开设在线思想政治教育课程，通过网络平台传授知识、展示案例、进行互动讨论，促进跨学科融合和综合素质培养。

3. 教学工具的创新应用

教学工具的创新应用可以激发学生的学习兴趣，提升教学效果。例如，教育机构可以引入虚拟现实（VR）技术，让学生身临其境地了解政治历程、重要事件等，增强学习体验。同时，教育机构还可以开发互动式的教学应用程序，让学生在游戏化的环境中学习思想政治知识，培养综合分析和创新能力。

4. 实践活动的结合与拓展

多元化教育资源不仅包括课堂教学材料，还应包括丰富的实践活动。教育机构可以组织学生参与模拟演练、实地考察、社会调研等活动，将思想政治教育与实际问题相结合。这些实践活动可以帮助学生更好地理解和应用思想政治知识，培养他们解决实际问题的能力。

通过引入多元化的教育资源，教育机构可以提供更灵活、更丰富的学习内容和形式，满足学生的不同学习需求，促进思想政治教育与其他学科的有机融合。这些资源的引入有助于激发学生的学习兴趣，提高教学效果，推动新时代思想政治教育一体化发展模式的实施。

三、校园文化建设与一体化模式的有机结合路径

（一）倡导综合素质教育理念

在校园文化建设中，学校应深入倡导综合素质教育的理念，将思想政治教育与其他学科一视同仁地融入学校的教育体系中。这需要学校领导和管理者明确综合素质教育的目标，强调培养学生全面发展的能力和品质，不仅关注学术知识，还关注道德、创新、实践等多方面的发展。通过宣传教育，学生和教师都能够理解并认同一体化发展模式的重要性，从而为实施一体化模式创造有利条件。

1.综合素质教育的重要性

（1）教育的使命和目标

综合素质教育理念是教育体系中的一大重要组成部分，其核心在于培养学生全面发展的能力和品质。传统的教育注重学术知识的传授，而综合素质教育更强调培养学生的综合素养，包括道德品质、创新能力、实践经验等。学校应认识到，教育的使命不仅仅是传递知识，更是培养出有社会责任感、具备创新思维和实践能力的全面人才。

（2）社会需求和竞争压力

现代社会对人才的需求已不再局限于学术水平，而是更注重综合素质。企业和社会组织更倾向于招聘具备多方面能力和道德品质的员工。因此，学校应该积极响应社会需求，培养出更具综合素质的学生，以应对激烈的竞争压力。

2.综合素质教育的核心理念

（1）思想政治教育的地位

思想政治教育在综合素质教育中应被一视同仁地看待。这不仅是因为思想政治教育对塑造学生的价值观和社会责任感至关重要，还因为思想政治教育可以与其他学科相互融合，形成更全面的教育体系。学校应该确保思想政治教育与其他学科的教育目标相协调，促使学生在道德和社会责任等方面有更深层次的认知和发展。

（2）综合素质的内涵

综合素质教育不仅仅包括学术知识，还包括道德品质、创新能力、实践经验等多方面的发展。学校应该明确这些方面的具体目标，通过设计课程和教育活动，培养学生的各种技能和品质。例如，学校可以通过提供道德教育课程、鼓励学生参与社会服务项目以及促进创新和实践的机会来实现这些目标。

3.学校领导和管理者的角色

（1）领导者的明确目标

学校领导者和管理者应该明确综合素质教育的目标，并将其融入学校的教育愿景和战略计划中。他们应该认识到，综合素质教育不是一项短期的工程，而是一个长期的使命。

领导者应该制定明确的目标，确保整个学校社区都致力于实现这些目标。

（2）创建有利条件

为了实施综合素质教育模式，学校领导者和管理者需要创造有利条件。这包括提供足够的资源、培训教师、建立合适的课程体系以及建立评估机制来衡量学生的综合素质发展。领导者还应该与教师、家长和学生合作，共同推动综合素质教育的实施。

4.宣传教育的重要性

（1）学生的认知和认同

学生是综合素质教育的受益者，因此他们的认知和认同至关重要。学校应该通过宣传教育，向学生传达综合素质教育的意义和价值。这可以通过开展主题演讲、座谈会、宣传册等形式来实现。学校还可以邀请成功的校友分享他们在学校获得的综合素质教育对他们职业和生活的影响。

（2）教师的理解和支持

教师是综合素质教育的实施者，因此他们的理解和支持同样重要。学校应该为教师提供培训和支持，帮助他们更好地理解综合素质教育的理念和方法。同时，学校可以鼓励教师参与课程设计和教育活动的制定，以确保综合素质教育得到有效实施。

（二）打造一体化教育环境

学校可以通过打造具有一体化特色的教育环境，进一步促进思想政治教育与其他学科的有机结合。例如，学校可以设立一体化教学实验室、创新基地、综合实践场所等，为教师和学生提供一个开展跨学科教学和实践活动的场所。这些环境可以为学生提供实际问题解决的平台，让他们能够在实践中感受思想政治知识的应用，培养创新和实际能力。同时，这些场所也为教师提供了合作开展跨学科教学研究的机会，推动一体化模式的不断创新和发展。

1.建立一体化模式的文化氛围

在建立一体化模式的文化氛围方面，有关培养全员参与意识和建立一体化模式的价值观是至关重要的两个方面。

（1）培养全员参与意识

培养全员参与意识是构建一体化模式文化氛围的基础，它涉及到学校全体成员，包括教职员工和学生。为了实现这一目标，学校可以采取以下措施：

第一，座谈会和讨论会。学校可以定期举办座谈会和讨论会，让师生分享他们对一体化教育模式的看法和建议。这不仅可以促进信息流通，还可以让每个人都有机会表达自己的观点，增强参与感。

第二，主题活动，举办一系列主题活动，以吸引学校成员的参与。这些活动可以包括辩论比赛、学术展示、文化艺术节等，这些活动不仅可以展示学生的综合素质，还可以鼓励跨学科合作。

第三，学生自治组织。鼓励学生建立自治组织，如学生会或学生议会，让学生参与学校决策和管理。这不仅锻炼了学生的领导和组织能力，还让他们有机会提出并推动一体化教育改革的建议。

（2）建立一体化模式的价值观

一体化教育模式需要有共同的价值观来引导全体成员的行为和决策。以下是一些关键的价值观，可以帮助建立一体化模式的文化氛围：

第一，创新精神。鼓励创新思维和实践是一体化教育的核心。学校可以设立创新基地和创业孵化器，提供资源和支持，激发师生的创新潜力。

第二，社会责任。强调社会责任感是培养具有综合素质的人才的一部分。学校可以鼓励学生参与社会服务项目，关注社会问题，培养他们的社会意识和责任感。

第三，协作与互惠。建立一种文化，鼓励协作和互惠。师生之间应该相互支持和分享资源，推动一体化模式的有机结合。

第四，反思与改进。建立反思和改进的文化，鼓励师生不断地审视教育实践，寻找改进的机会。这可以通过定期的教育评估和教学反思活动来实现。

通过培养全员参与意识和建立一体化模式的价值观，学校可以创造一个积极的文化氛围，使师生更有动力和共识来推动一体化教育模式的有机结合和发展。这将有助于培养具有综合素质和实际能力的高素质人才，为教育改革和社会发展做出贡献。

2.文化建设与教育目标的一致性

（1）建立教育目标的文化反映

学校的校园文化是一个重要的社会化因素，它能够直接影响教育的实践和结果。为了确保一体化教育模式的成功实施，学校需要建立教育目标的文化反映，即将教育目标融入校园文化之中，以便全体师生都能理解、接受和追求这些目标。以下是一些实现这一目标的方法：

第一，主题活动和庆典。学校可以定期举办主题活动和庆典，以强调教育目标的重要性。这些活动可以围绕特定的价值观或教育目标展开，通过展示学生的成就、演出、艺术作品等方式来传达这些价值观。例如，可以举办一年一度的"跨学科合作日"，在这一天内展示学生在不同学科合作项目中取得的成就。

第二，校规校纪的制定。学校的校规校纪应该与教育目标保持一致。制定或更新校规校纪时，学校可以明确规定一体化教育的原则和期望，鼓励学生和教职员工在学术和社会活动中践行这些原则。

第三，校园装饰和环境设计。校园的装饰和环境设计可以直接反映学校的文化和价值观。学校可以通过设计校园装饰、标识、校园景观等，突出强调一体化教育的重要性。例如，在校园的各个角落展示跨学科合作的案例，让师生时刻感受到这一文化的存在。

第四，教育资源的配套。学校可以投资于配套教育资源，如图书馆、实验室、艺术工作室等，以支持一体化教育的实施。这些资源应该与学校的文化和教育目标相一致，为师生提供实际操作的机会，使他们更容易实现这些目标。

（2）校园文化的评估与改进

建立校园文化的一致性与教育目标并不是一次性的任务，而是需要持续监测和改进的过程。为了确保校园文化与一体化模式的一致性，学校可以采取以下方法：

第一，定期评估和调查。学校可以定期进行校园文化的评估和调查，以了解师生对文化的感受和看法。通过问卷调查、焦点小组讨论等方式，获取反馈意见，发现文化中可能存在的不一致之处。

第二，数据分析与改进计划。通过分析评估和调查数据，学校可以识别文化建设中的问题和不一致之处。根据这些数据，学校可以制定改进计划，明确目标和时间表，以解决文化不一致的问题。

第三，师生参与。鼓励师生积极参与文化建设和改进过程。学校可以成立文化建设委员会，由教师、学生和家长代表组成，共同制定文化建设策略和计划，确保这一过程是广泛参与的。

第四，反馈机制。建立反馈机制，让师生可以随时提供对校园文化的反馈意见。学校应该积极倾听这些反馈，及时作出回应和调整，以确保文化与教育目标的一致性。

通过建立教育目标的文化反映和建立校园文化的评估与改进机制，学校可以不断调整文化，使之与一体化模式相一致，并为学生提供更有益的教育环境。这将有助于实现一体化教育模式的目标，培养出具有综合素质和实际能力的高素质人才，为教育改革和社会发展作出积极贡献。

第三章 教育教学融合模式在思想政治教育中的应用

第一节 教育教学融合模式的基本特点与作用

一、教育教学融合的内涵和重要意义

（一）教育教学融合的内涵

教育教学融合是指将传统教学与现代教学方法、技术和资源相结合，以提供更有效、个性化的教育体验。它强调通过融合不同的教学资源和手段来满足学生的多样化学习需求，并促进学生的主动学习、合作学习和创造性思维。作为一种教育模式，具有多重内涵，包括以下方面：

教育教学融合作为一种全面发展的教育模式，融合了不同层面、领域和要素，具有多重内涵，主要包括以下方面：

1. 课程整合与交叉

课程整合与交叉是指将不同学科领域的课程内容相互关联和融合，通过跨学科的教学活动和项目设计，促进学生综合运用知识和技能，培养跨学科思维和解决问题的能力。课程整合与交叉的核心思想是打破传统学科的壁垒，将知识和概念从独立的学科中解放出来，让学生能够看到学科之间的联系和综合应用的可能性。通过整合与交叉，学生可以更全面地理解和运用知识，从多个视角思考问题，并培养批判性思维和创新能力。传统的学科边界在这一模式下被打破，相关性较强的学科之间形成互补关系，以提供更为全面和深入的知识体验。例如，在思想政治教育中，可以将历史、社会学等学科内容融入，帮助学生更好地理解和探讨思想政治教育。

（1）课程整合

教育教学融合要求将不同学科的知识融合到一个整体的课程中，以更好地满足综合性学习的需求。这不仅有助于学生跨学科地思考问题，还能够培养学生的系统思维能力。例如，可以设计一门涵盖思想政治、历史演进和社会变革等内容的综合性课程。

（2）课程交叉

教育教学融合强调不同学科之间的交叉，通过在不同学科课程中引入相关的内容，促

进知识的交融与应用。例如，在社会学课程中引入思想政治案例分析，使学生能够将思想政治理论应用于社会现象的解释。

2.教师跨学科协作

教师跨学科协作是指不同学科领域的教师之间的合作与协调，目的是在教学过程中共同设计和实施跨学科的教学活动，促进学科间的联系和学生的综合学习。教育教学融合鼓励教师跨学科协作，强调教师之间的合作与交流。教师可以共同设计教学活动，共享教学资源，从而提供更丰富多彩的学习体验。

（1）教学活动设计

教育教学融合要求教师在活动设计中充分考虑多个学科的要素，确保活动既有思想政治的深度，又能与其他学科产生有益的联系。

（2）教学资源共享

教师可以分享各自学科领域的教学资源，例如教案、案例分析、讲义等，为跨学科教学提供支持。这种资源共享有助于丰富教学内容，激发学生的学习兴趣。

3.教学方法多样化

教育教学融合倡导多样化的教学方法，旨在满足不同学生的学习需求和兴趣。通过灵活运用各种教学方法，可以提高学生的参与度和学习效果。例如，在思想政治教育中，可以采用案例分析法、小组讨论法、角色扮演法等，激发学生积极思考和互动。

（1）案例分析法

案例分析法是一种常用的教学和学习方法，通过分析真实或虚构的案例，引导学生运用专业知识和理论，分析和解决实际问题。案例可以是真实的事件、组织或个体的情况描述，也可以是教师编写的模拟情境。引入实际案例，让学生通过分析真实问题来理解和应用思想政治知识，培养批判性思维和问题解决能力。

（2）小组讨论法

小组讨论法通过将学生分成小组，让他们在教师的引导下一起讨论特定的问题或主题。在小组讨论中，学生可以交流和分享自己的观点、经验和知识，促进彼此之间的合作与学习。组织学生在小组内就特定议题展开讨论，促进学生之间的互动交流，培养合作与沟通能力。

（3）角色扮演法

通过让学生扮演具体的角色，模拟真实或虚构的情境，以提供互动和实践的学习体验。在角色扮演中，学生可以代入特定的角色并扮演其角色的行为、言语和思维，从而探索和解决问题。让学生扮演特定角色，参与模拟情境，深入体验思想政治的实际应用，培养实际操作和解决问题的能力。

4.学习资源共享

教育教学融合倡导学校内外教学资源的共享与整合。通过数字化教材、在线课程等方式，为学生提供多元化的学习资源，满足不同学生的学习风格和需求。

（1）数字化教材

将思想政治教材数字化，使学生可以随时随地进行学习，提高学习的灵活性和便捷性。

（2）在线课程

引入在线课程平台，为学生提供丰富的学习资源，扩展学科知识面，促进跨学科学习。

（3）教学工具

利用多媒体、虚拟实验等教学工具，增加学习的趣味性和互动性，激发学生的学习兴趣。

5.教育环境创新

教育教学融合鼓励学校创造具有一体化特色的教育环境，提供有利于跨学科教学和合作的场所和平台，以支持学生在不同学科领域的综合学习和实践。

（1）一体化教学实验室

设立一体化教学实验室，为学生提供进行跨学科实验和探究的场所。例如，在思想政治教育中，可以设置模拟政治会议的实验环节，让学生在实际情境中应用思想政治知识。

（2）创新基地

建立创新基地，供学生参与各类跨学科项目和实践活动。这种环境可以促使学生跨足学科门槛，运用不同领域的知识解决实际问题。

（3）跨学科学习空间

打造跨学科学习空间，设计开放式的学习区域，使学生能够自主选择学习方式，从而激发他们跨学科学习的兴趣。

（4）艺术与科技融合

将艺术和科技元素融入教育环境中，创造富有创意和活力的学习氛围。例如，设计思想政治艺术展览，通过艺术形式传达思想政治的精髓。

（5）互动平台

建立在线互动平台，为学生和教师提供交流、合作和分享的机会。学生可以在线提交作业、参与讨论，教师可以发布教学资源、答疑解惑，促进跨学科学习和合作。

（二）重要意义

1.促进知识的综合性

融合模式有助于将思想政治与其他学科知识进行有机结合，使学生能够跨足不同学科领域，深入了解思想政治在历史、社会、文化等多个维度中的影响和地位。例如，通过将思想政治与历史事件相结合，学生可以更好地理解不同时期思想政治的兴衰演变。

（1）跨学科视野的拓展

融合模式引导学生从多个学科的角度审视思想政治，培养学生的跨学科视野。这有助于学生更全面的理解思想政治的内涵，从而提高对复杂社会问题的认识和分析能力。

（2）融通多元知识

通过融合模式，学生可以学习不同学科的知识，并将其融通运用于思想政治分析和讨论中。例如，通过经济学知识分析政治决策的影响，或者通过文学作品解读思想政治的文化内涵。

2.增强创新能力

融合模式鼓励学生在不同学科领域进行交叉思考和创新实践。将思想政治与其他学科内容相结合，可以激发学生的创新思维，培养他们运用思想政治来解决实际问题的能力。

（1）跨领域思维

融合模式培养学生跨领域的思维能力，使他们能够将思想政治的理论体系与其他领域的实际情境相连接，产生新的认识和见解。

（2）创新解决问题能力

学生通过从不同学科角度出发，探索思想政治与现实问题的关系，培养解决问题的创新能力，为社会提供新的思路和方案。

3.培养综合素质

融合模式追求学生全面发展，强调除知识外的综合素质培养，如思维能力、人际交往能力、实践能力等。

（1）批判性思维与判断力

通过融合不同学科的思想，学生可以培养批判性思维，对政治问题进行深入分析和评价，提高判断力和论证能力。

（2）跨学科合作与沟通能力

在融合模式下，学生需要与不同学科的同学合作，共同完成跨学科任务。这有助于培养学生的团队合作和沟通协调能力。

（3）实践操作能力

融合模式注重实践操作，学生参与跨学科项目和实践活动，培养实际应用思想政治解决问题的能力。

4.适应社会需求

教育教学融合模式培养的学生更具综合素质和实际应用能力，更能够适应社会的多样化需求，成为能够胜任不同岗位和领域的复合型人才。

（1）综合素质培养

融合模式注重培养学生的综合素质，使他们具备扎实的学科知识，同时具备跨学科应用的能力，更能够胜任复杂多变的社会环境。

（2）社会实践能力

融合模式强调实际问题的解决和应用，培养学生将思想政治与社会实践相结合的能力。学生通过跨学科实践活动，能够更好地将所学的思想政治理论运用于现实情境，为解决社会问题提供创新思路和方案。

（3）社会适应能力

融合模式培养学生具备更广泛的知识背景和跨学科能力，使他们更容易适应社会的多元化和快速变化。学生能够更好地理解和应对社会变革，为社会发展作出积极贡献。

5.推动教育改革

教育教学融合模式促进了传统教育模式的突破和创新，对于教育体制的改革和进步具有积极意义。

（1）教学模式创新

融合模式鼓励多样化的教学方法和资源应用，推动教学从以教师为中心转向以学生为中心，培养学生的自主学习能力。

（2）跨学科教学实践

融合模式要求跨学科教师合作，有助于打破传统学科之间的界限，促进学科之间的融合，从而促进教育体制的协同发展。

（3）教育评价改革

融合模式下的综合性教学要求新的教育评价体系。除了传统的知识考核，还应重视学生的综合素质和实践能力的评价，从而促使教育评价更加全面和多元化。

二、融合模式在思想政治教育中的价值和作用

（一）丰富教学内容

1.案例分析

首先，融合模式通过引入具体案例分析，为思想政治教育提供了生动而具体的实例，从而丰富了教育内容。传统的思想政治教育通常侧重于抽象的理论和概念，这使得学生难以将理论知识与实际情境联系起来。然而，融合模式的关键特点之一是将真实的案例引入教学过程中，这些案例可以来自历史事件、社会现象、政治决策等各个领域。这些案例提供了生动的、实际的例证，使学生能够更容易地理解理论的实际应用和相关背景。

其次，案例分析有助于将抽象的理论知识转化为实际应用。在传统的教学中，学生可能对抽象的政治理论或伦理原则感到抽象和难以理解。然而，通过具体案例的分析，学生可以将这些理论与实际情境相联系，看到它们在真实世界中的应用方式。例如，学生可以通过分析历史事件了解某一政治理论如何在特定历史背景下发挥作用，或者通过研究社会问题案例来理解伦理原则的具体运用。这种联系有助于学生更好地理解和内化所学知识。

进一步地，融合模式的案例分析激发了学生的批判性思维和分析能力。通过研究和讨论案例，学生被鼓励提出问题、分析因果关系、评估解决方案，并提出自己的观点和论证。这种分析过程迫使学生主动思考，从多个角度审视问题，形成独立见解。这对于他们未来的学术研究、职业发展和公民责任都至关重要。

最后，案例分析有助于学生更深入地理解理论的实际运用和相关背景。通过深入研究案例，学生可以探讨事件的复杂性、背后的社会因素以及不同的利益相关者之间的争议。

这种深入研究有助于培养学生的深度思考能力，使他们能够更全面地理解问题，而不仅仅是停留在表面层次的理解。这种深刻的理解有助于学生更好地应对复杂的社会和政治挑战。

2. 多元化资源

首先，融合模式的一个显著特点是整合了多元化的教育资源，包括图书、网络课程、专业数据库等。这种整合为学生提供了更广泛的信息来源，从而丰富了思想政治教育的内容。传统的课堂教学往往受到时间和地点的限制，而融合模式通过利用各种教育资源，突破了这些限制，为学生提供了更多的学习机会。

其次，多元化资源的整合能够满足不同学生的需求和兴趣。每位学生的学习方式和兴趣可能不同，有些学生更喜欢阅读书籍，而有些学生更喜欢在线学习。融合模式通过提供多元化的资源选择，使学生能够根据自己的需求和兴趣来选择学习材料。例如，学生可以通过在线资源深入研究特定主题，或者借助图书馆资源查找相关书籍，从而加深对思想政治教育内容的理解。

再次，多元化资源的整合还提升了学习的便捷性和灵活性。学生可以根据自己的时间表和节奏来选择何时何地学习。这种自主性和灵活性有助于学生更好地管理自己的学习，提高学习的效果。特别是对于那些有工作或其他承担的学生来说，这种便捷性和灵活性是非常重要的，它们使得思想政治教育更具可及性。

最后，多元化资源的整合拓宽了学生的信息获取渠道。融合模式不再将学生局限在教室内，而是使他们能够更广泛地获取各种信息。学生可以利用专业数据库查找相关研究资料，浏览在线期刊，或者参与在线讨论社区，以获取不同角度的观点和信息。这有助于培养学生的信息素养，使他们能够更全面地理解思想政治教育内容。

（二）提升学习效果

1. 实践导向教学

首先，融合模式的实践导向教学强调将理论知识与实际问题相结合。这一教学方式通过将抽象的理论知识与实际问题相连接，使学生更容易理解和应用所学内容。学生在课堂中学到的理论知识不再仅仅停留在书本上，而是通过实际案例、社会实践、项目研究等方式得以具体化和应用化。这有助于学生更好地理解理论的实际运用，同时也增加了他们对课程内容的兴趣和参与度。

其次，实践导向教学注重培养学生的实际问题解决能力。通过参与社会实践、项目研究和实地考察等实际活动，学生能够将所学理论知识应用于实际情境中，从而提高了他们的实际问题解决能力。这种能力对于学生的职业生涯和社会参与至关重要，因为在现实生活中，他们将面临各种各样的问题和挑战。通过实践导向教学，学生能够更好地准备自己，积极应对这些挑战，并提供创新性的解决方案。

最后，实践导向教学使学生更能够在真实世界中应对各种挑战和问题。通过参与社会实践和项目研究，学生能够直接接触和了解社会的各个层面，从而更全面地认识到社会的复杂性和多样性。这有助于他们培养更全面的视角，不仅仅是从理论的层面来看待问题，还能够从实际的角度出发，更好地理解和解决社会问题。

2.个性化学习

首先，融合模式的个性化学习允许学生根据自己的兴趣和需求选择学习内容。传统的思想政治教育可能过于固定，学生需要按照既定的课程表学习一系列内容。然而，融合模式鼓励学生在一定的教育框架内根据自己的学科偏好和兴趣进行学习。这种个性化学习方式能够更好地满足学生的需求，激发他们的学习兴趣，提高学习的积极性和主动性。

其次，个性化学习有助于提高学生的学习效果。当学生对所学内容感兴趣和投入时，他们更有动力去深入学习和探索相关知识。因此，融合模式的个性化学习可以提高学生的学习效果，使他们更容易理解和掌握所学内容。例如，一个对政治经济学充满热情的学生可以选择深入研究该领域的内容，通过自主学习提高自己的专业素养。

最后，个性化学习也有助于培养学生的学习自觉性和独立思考能力。学生需要自己选择学习内容，设定学习目标，并制定学习计划。这培养了他们的学习自觉性和自我管理能力，这些能力在未来的学习和职业生涯中都至关重要。学生还需要自主查找和筛选学习资源，这锻炼了他们的信息获取和评估能力，提高了他们的独立思考能力。

3.深度思考和讨论

首先，融合模式中的小组讨论是一种有力的工具，可以激发学生的深度思考和批判性分析能力。在小组讨论中，学生被鼓励与同学们共同探讨问题，提出观点，并对他人观点进行挑战。这种互动有助于学生更深入地思考问题，从多个角度审视和分析问题，而不仅仅是接受表面信息。通过与他人的辩论和交流，学生能够不断完善自己的思维，提高自己的批判性思维能力。

其次，融合模式中的案例分析也为学生提供了深度思考的机会。学生通过分析真实案例，能够更好地理解理论的实际运用和相关背景。案例分析要求学生深入挖掘问题的根本原因，分析各种因素的影响，提出解决方案。这种深度思考的过程培养了学生的问题解决能力和分析能力。案例分析通常涉及到实际社会和政治问题，因此，它有助于学生将抽象的理论知识与现实情境相结合，从而更好地理解和应用所学内容。

最后，融合模式中的角色扮演和辩论等活动也有助于学生深度思考。通过扮演不同的角色或参与辩论，学生需要站在不同的立场上思考问题，考虑不同的观点和论证。这培养了他们的多元化思维，使他们更能够理解和尊重不同观点，同时也提高了他们的表达和辩护能力。

第二节　课程思政与德育融合的实践研究

一、课程思政融合的具体实施方式

（一）课程内容融合

课程思政融合是一种创新的教育模式，旨在将思想政治教育与学科教育相结合，通过将思想政治内涵融入各门学科课程中，达到知识传授、思想引导和德育培养的综合目标。具体来说，在不同学科中实施课程思政融合，可以采取以下措施：

1. 多维度渗透

首先，思想政治教育的渗透在学科教学中具有重要意义。它有助于培养学生的思想政治觉悟，提高他们的社会责任感和公民素养，从而为他们的全面发展和未来的社会参与打下坚实基础。

其次，历史课程作为一个充满历史事件和人物的学科领域，提供了一个理想的平台，可以深入渗透思想政治内涵。第一，历史课程可以结合思想政治教育的发展历程，帮助学生了解思想政治理论的演进和重要事件。例如，在教授20世纪历史时，可以引导学生分析不同思想在不同国家和时期的影响，以及这些思想对历史事件的解释。第二，历史课程还可以深入分析历史事件的背景和人物的决策思维。通过研究历史事件的经济、文化背景，学生可以更好地理解事件的发展和结果。同时，深入探讨历史人物的决策思维和价值观，有助于学生理解历史人物对社会的影响，以及他们的哲学。

再次，在文学课程中，思想政治理论教育的渗透也有很大潜力。第一，教师可以引入具有思想政治教育内涵的文学作品，如具有社会批判性的文学作品，以引导学生思考社会议题。通过阅读和讨论这些作品，学生可以反思社会的问题，提高他们的社会意识。第二，文学作品常常包含政治和伦理方面的隐喻，教师可以引导学生分析文学作品中的这些元素，帮助他们理解思想政治在文学中的表达方式。通过文学作品，学生可以更深入地理解和思考社会和伦理问题。

最后，思想政治理论教育的渗透需要教师具备专业知识和教育技巧。教师需要不断提升自己的思想政治理论水平，以更好地指导学生。此外，学校可以提供相关的教育资源和培训机会，帮助教师更好地将思想政治教育理论融入学科教学中。

2. 文化艺术融合

首先，在思想政治教育课程中，可以引入思想政治与文学作品的交叉分析。学生可以阅读文学经典，如乔治·奥威尔的《1984》或者艾萨克·阿西莫夫的科幻小说，探讨其中的哲学和道德议题。通过文学作品，学生可以更深刻地理解权力、自由、伦理和社会组织等概念。

其次，艺术作品常常反映社会问题。在思想政治教育课程中，可以组织学生参观博物馆、画廊，或者欣赏政治题材的艺术品。通过分析绘画、雕塑、摄影等艺术作品，学生可以理解艺术家如何表达社会立场、社会变革和文化价值观。

最后，音乐可以成为社会抗议和政治表达的媒介。思想政治课程可以引入不同时期和地区的音乐，学生可以通过音乐了解社会运动、社会变革和音乐艺术的交汇点，深入思考音乐对社会的影响。

3. 互动式学习

首先，小组讨论是思想政治课程中常用的互动式学习方法之一。通过组织学生分成小组，每个小组讨论特定的思想政治或问题，可以实现以下教学目标：

小组讨论有助于激发学生的批判性思考和思辨能力。在小组中，学生被鼓励提出自己的观点，并必须理解、评估和回应其他组员的观点。这种交流过程促使学生更深入地思考思想政治的复杂性和多样性。

其次，角色扮演是另一种互动式学习方法，尤其适用于历史事件或政治决策的模拟。通过角色扮演，学生可以模拟历史事件中的关键人物，亲身体验不同思想政治和决策的背后逻辑，实现以下教学目标：

角色扮演活动可以帮助学生更好地理解历史背景下政治决策的复杂性。他们需要考虑不同政治角色的动机、目标和价值观，并在模拟过程中权衡各种因素，这有助于深化对思想政治和实践之间关系的理解。

再次，模拟游戏是一种生动的教学方法，通过让学生扮演政治决策者，面对复杂的政治和伦理抉择，实现以下教学目标：

模拟游戏能够培养学生的领导能力和决策能力。学生需要在有限的资源和信息下做出决策，考虑各种政治和伦理考量，这有助于锻炼他们的问题解决和领导技能。

最后，思维导图和概念地图是帮助学生整理和理清思想政治概念的强大工具。这些可视化方法有助于实现以下教学目标：

思维导图和概念地图可以帮助学生可视化思想政治的结构和关系。通过绘制图表，学生能够更清晰地看到各种政治理论和观念之间的联系和区别，帮助他们更好地理解和记忆复杂的概念。

4. 实践教育

首先，社会服务项目的教育意义。社会服务项目作为一种实践教育方式，具有重要的教育意义，特别是在思想政治课程中的应用。以下是社会服务项目在思想政治教育中的教育意义：第一，培养社会责任感和公民素质。通过参与社会服务项目，学生有机会亲身体验社会问题和需求，从而增强了他们的社会责任感。他们学会关心社区和社会的发展，并积极参与解决问题的过程，培养了公民素质，成为有益于社会的公民。第二，实践思想政治和理论。社会服务项目为学生提供了将思想政治和理论应用于实际情境的机会。通过实际参与服务项目，学生可以更好地理解思想政治的实际意义，了解政策与社会问题之间的关系，并深入思考政治决策的影响。

其次，实习体验的教育意义。实习体验是另一种重要的实践教育方式，可以在思想政治课程中发挥关键作用。以下是实习体验在思想政治教育中的教育意义：第一，将理论知识应用于实际工作。实习经验可以帮助学生将课堂学习与实际工作相结合，将思想政治与实际问题相连接。他们有机会将所学的政治理论应用于实际工作中，从而更好地理解和掌握这些理论。第二，培养实际问题解决能力。实习经验需要学生在实际工作中面对各种挑战和问题。这培养了他们的实际问题解决能力，帮助他们在工作和生活中更好地应对各种情况。第三，提高职业素养。通过实习，学生可以积累职业经验，提高职业素养。这包括沟通技能、团队合作、领导能力等，这些素养对于学生未来的职业生涯至关重要。

5.个性化学习

首先，独立研究项目的教育意义。独立研究项目作为个性化学习的一种形式，在思想政治教育中有着重要的教育意义。以下是独立研究项目在思想政治教育中的教育意义：一是，激发学生的兴趣和独立思考能力。独立研究项目鼓励学生选择自己感兴趣的思想政治教育领域进行深入研究。这有助于激发学生的兴趣，让他们更深入地思考政治问题，培养了独立思考和自主学习的能力。二是，深化思想政治教育理解。通过深入研究特定哲学家或者社会运动，学生能够更全面地理解思想政治教育的内涵和历史背景。这有助于提高他们对思想政治教育的理解水平，培养批判性思维和分析能力。

其次，思想政治博客或论文的教育意义。思想政治博客、论文或研究报告的撰写是另一种重要的个性化学习方式，在思想政治教育中具有教育意义。以下是它的教育意义：一是，培养研究和写作技能。撰写博客、论文或研究报告需要学生进行系统性的研究和写作工作。这有助于培养他们的研究方法和写作技能，提高学术素养。二是，加深对社会问题的思考。在博客、论文或研究报告中，学生需要深入思考社会问题，提出观点和论证，从而加深对社会问题的理解。这有助于提高学生的分析和辩证思维能力。

最后，导师指导的教育意义。导师指导在个性化学习中扮演着重要的角色，具有以下教育意义：一是，提供个性化支持。导师可以根据学生的兴趣和目标，提供个性化的学术建议和指导。这有助于学生更好地规划自己的学习路径，确保个性化学习的顺利进行。二是，提供反馈和指导。导师可以对学生的研究项目、博客、论文或研究报告提供反馈和指导，帮助他们改进和提高学术水平。这有助于学生不断完善自己的学术工作。

（二）跨学科讨论

跨学科讨论是课程思想政治融合的一项关键策略，旨在促使不同学科领域的知识在互动中交叉碰撞，激发学生深入思考问题，培养跨学科的综合素质。在实施跨学科讨论时，教师可以采取以下方式深化和拓展讨论的实践：

1.设定明确的讨论主题

教师应当根据课程内容和学科特点，精心设定跨学科讨论的主题。例如，在生物课程中，可以选择有关基因编辑技术的讨论主题，引发学生对科技创新与伦理道德的关系进行深入思考。通过设定明确的主题，可以引导讨论的深入和重点聚焦。

2.跨学科资源整合

教师可以整合不同学科领域的资源，为跨学科讨论提供支持。例如，在生物与伦理讨论中，可以邀请生物学专家和伦理学专家共同参与，从科学和伦理两个角度展开讨论。通过整合不同领域的资源，可以为讨论提供多元的视角和深度的分析。

3.引导问题探究与分析

跨学科讨论应当注重引导学生进行问题探究和分析。教师可以提出开放性问题，鼓励学生从不同学科角度思考问题，深入探讨其背后的原因和影响。例如，在探讨生物技术与伦理道德的关系时，可以引导学生思考科技进步对社会伦理的挑战，从科学、社会、道德等多个维度进行分析。

4. 培养批判性思维和辩证思考

跨学科讨论有助于培养学生的批判性思维和辩证思考能力。教师可以引导学生从不同学科的角度对问题进行分析，比较不同观点的利弊，从而培养学生在面对复杂问题时进行全面思考和权衡取舍的能力。例如，在讨论环境问题时，可以引导学生从科学、经济等多个角度思考环境保护的策略和路径。

5. 鼓励学术交流与合作

跨学科讨论也是学术交流与合作的平台。教师可以鼓励学生分享自己的观点和见解，促进学生之间的交流与合作。通过讨论的过程，学生可以从彼此的经验和知识中获益，形成更加全面的理解和思考。

（三）课堂讨论与互动

鼓励学生参与课堂讨论和互动，让他们在交流中深入思考思想政治问题，形成独立的见解。教师可以设计开放性问题，引导学生从不同角度探讨思想政治的意义和影响。

1. 设定具有挑战性的问题

教师应当设定具有挑战性和启发性的开放性问题，引导学生在讨论中深入思考思想政治问题。问题可以涉及时事热点、社会问题或伦理议题，激发学生的兴趣和热情，引发深入的思考和讨论。

2. 引导多角度思考

在课堂讨论中，教师应当引导学生从多个角度思考思想政治问题，探讨不同观点和论据。通过引导学生从政治、历史、文化、社会等多个维度思考问题，可以培养他们的综合素质和跨学科思维能力。

3. 组织小组互动与辩论

教师可以将学生分成小组，组织小组内部的互动讨论，也可以组织跨组辩论活动。通过小组互动，学生可以分享自己的观点，与同伴进行交流和碰撞，形成更加丰富的思想碰撞。跨组辩论活动则可以培养学生的辩证思维和论辩能力。

4. 引导归纳总结与反思

在课堂讨论的最后，教师可以引导学生对讨论内容进行归纳总结和个人反思。通过总结，可以梳理出不同观点的共性和差异，形成更加全面的理解。个人反思则有助于学生深化对自己观点的思考，形成更加深入的见解。

5. 鼓励学术探究与创新思维

课堂讨论与互动也是学术探究和创新思维的重要平台。教师可以鼓励学生自主提出问题、进行独立思考，甚至展开小规模的研究探究。通过开展学术探究，可以培养学生的创新能力和深入思考能力。

课堂讨论与互动是课程思想政治融合的重要实践方式，通过引导学生积极参与讨论和互动，可以培养其独立见解、批判性思维和创新能力。通过设定挑战性问题、引导多角度思考、组织小组互动与辩论、引导归纳总结与反思，以及鼓励学术探究与创新思维，可以使课堂讨论与互动在课程思想政治融合中发挥更大的学术价值和教育意义。

二、德育与学科教育融合的典型案例分析

（一）文学与道德教育融合

文学作品中蕴含丰富的道德内涵，将文学与道德教育融合，可以有效地培养学生的道德情操和价值观念。例如，在语文课程中，教师可以选择经典小说中的人物形象，探讨他们的品质、价值观和道德选择。通过深入分析人物在小说情境中的行为，学生可以感受到不同道德选择所带来的后果，进而思考自己的行为准则。通过文学作品的情感共鸣和道德启发，学生在阅读中培养情感认知和道德判断力，使道德教育更加具体、生动和有影响力。

1.人物品质的探讨

教师可以在语文课程中引入经典小说或文学作品中的人物形象，让学生深入探讨人物的品质、行为和价值观。通过分析人物在作品中的言行举止，学生能够从多个角度审视不同道德选择的背后动机和影响。

第一，培养道德观念和价值观。通过分析小说或文学作品中的人物品质和行为，学生能够深入了解不同的道德观念和价值观。例如，在讨论《红楼梦》中的贾宝玉时，学生可以探讨他的情感、态度和行为是否符合传统的道德标准，从而培养他们的道德观念。

第二，提高学生的文学素养。通过深入分析文学作品中的人物形象，学生可以提高其文学素养。他们能够理解人物的复杂性，掌握文学作品的深层内涵，并能够用文学的角度去审视现实生活中的人物和情境。

第三，培养批判性思维能力。分析人物品质和行为需要学生进行批判性思考。他们需要分析人物的动机、决策背后的原因，以及这些决策对故事情节的影响。这有助于培养学生的批判性思维和分析能力。

第四，引导道德选择和自我反思，通过讨论文学作品中的人物选择和行为，教师可以引导学生思考自己在现实生活中的道德选择和行为。他们可以从文学作品中吸取教训，反思自己的行为和决策，以提高自我管理和自我反思的能力。

第五，提升学生的情感素养。文学作品中的人物形象往往充满情感，通过学习和讨论这些人物，学生可以提高自己的情感素养。他们能够理解人物的情感体验，共情人物的喜怒哀乐，从而更好地理解和处理自己的情感。

在引入人物品质的探讨时，教师可以采用小组讨论、分析写作、角色扮演等多种教学方法，以提高学生的参与度和学习效果。通过深入讨论人物形象，学生不仅可以提高文学素养，还可以培养道德观念、批判性思维和情感素养，为他们的综合素质教育做出积极贡献。

2.道德冲突与伦理抉择

文学作品常常展现人物在道德冲突面前的抉择，这为学生提供了探讨伦理抉择和道德冲突的契机。教师可以引导学生分析作品中的道德困境，让他们思考在现实生活中类似的情境下应如何抉择。通过角色扮演、讨论和写作等活动，学生能够更深刻地理解道德抉择的复杂性和影响。

第一，引导学生分析作品中的道德困境。教师可以选择文学作品中的具体场景或情节，帮助学生分析人物在道德冲突面前的抉择。例如，在讨论莎士比亚的《哈姆雷特》时，可以重点关注哈姆雷特在是否复仇的伦理抉择上所面临的困境。学生可以探讨他的内心挣扎、考虑到的伦理原则以及最终的行动选择。

第二，让学生思考现实生活中的类似情境。教师可以引导学生思考类似的伦理抉择情境，让他们将文学作品中的情节与现实生活联系起来。通过与学生分享现实生活中的道德困境案例，学生可以更好地理解伦理抉择的复杂性。例如，可以讨论医疗伦理中的抉择，如医生是否应该遵循患者的治疗意愿，即使这可能涉及到风险或道德困境。

第三，利用角色扮演和小组讨论。角色扮演是一种有趣的教学方法，可以让学生身临其境地体验伦理抉择情境。教师可以组织角色扮演活动，让学生扮演文学作品中的角色，并模拟他们的伦理抉择过程。这有助于学生更深入地理解角色的心理和决策原则。此外，小组讨论也是一个有效的方法，学生可以分享自己的观点、倾听他人的观点，并一起探讨伦理抉择的不同方面。

第四，鼓励学生进行写作和表达。通过写作和表达，学生可以更好地表达自己的观点和想法。教师可以要求学生写一篇关于伦理抉择的短文或演讲，分享他们的观点和对道德冲突的看法。这有助于培养学生的表达能力和批判性思维，同时让他们更深入地思考伦理问题。

第五，引导学生考虑伦理原则和后果。在讨论伦理抉择时，教师可以引导学生考虑不同的伦理原则和可能的后果。学生可以探讨不同伦理学派的观点，例如庄子伦理、伦理相对主义和伦理普遍主义等，以及这些原则对伦理抉择的影响。同时，他们也可以思考不同抉择的后果，包括个人、社会和道德方面的后果。

第六，培养道德判断和决策能力。最终的目标是培养学生的道德判断和决策能力。通过深入讨论伦理抉择，学生将能够更清晰地理解伦理问题的复杂性，并能够更自信地做出道德决策。这种培养是综合素质教育中重要的一环，有助于学生成为负责任、道德感强的公民。

通过以上方法，教师可以引导学生深入思考伦理抉择和道德冲突，培养他们的道德观念、批判性思维和表达能力，为他们的综合素质教育提供有力支持。这些教育活动不仅有助于学生理解文学作品，还有助于他们在现实生活中更好地应对道德挑战。

3.情感共鸣与道德启发

通过情感共鸣引发学生的情感认知，从而更深入地感受道德内涵。在教学案例中，通过感同身受人物遭遇的困境和抉择，学生能够自觉产生情感共鸣，这种情感体验会引发对道德价值观的深入思考。

（1）情感共鸣的作用

情感共鸣是指学生通过文学作品中的人物、情节或情感体验，与之产生情感上的共鸣和共情。这种情感连接使学生更深入地投入到文学作品中，体验其中的情感起伏和人物命运，从而更加深刻地理解作品所传达的道德内涵。

情感共鸣的作用包括：

第一，提高情感认知。学生通过情感共鸣，能够更好地认知和理解自己的情感和情感体验。他们能够更清晰地辨认出喜怒哀乐等情感，并理解这些情感背后的原因和内涵。

第二，增强情感敏感性。通过与文学作品中的人物情感相联系，学生的情感敏感性得到增强。他们能够更敏锐地察觉他人的情感，提高了同情心和共情能力。

第三，引发自省与反思。情感共鸣常常引发学生的自省和反思，使他们思考人生、价值观和伦理道德。这有助于学生更深入地思考自己的情感和行为，形成更为成熟的道德观念。

（2）道德启发的方法

如何利用情感共鸣来启发学生的道德思考和内化道德价值观呢？以下是一些方法：

第一，导入文学作品。教师可以在引入文学作品时，提前介绍人物、情节和情感元素，激发学生的兴趣和情感参与。例如，可以通过讲述主人公的挣扎、冲突和成长，预热学生的情感共鸣。

第二，讨论情感体验。在学生阅读文学作品后，可以组织讨论活动，让学生分享他们的情感体验和共鸣。教师可以引导学生探讨这些情感如何与道德价值观相关联，并引发深入的道德思考。

第三，角色扮演与写作。学生可以通过角色扮演或写作练习，深入体验文学作品中的人物情感和抉择。他们可以选择一个人物角色，从角色的角度出发，思考和表达关于道德决策的看法。

第四，道德辩论与伦理讨论。教师可以组织道德辩论或伦理讨论，围绕文学作品中的伦理和道德问题展开。学生可以就人物的决策是否正确、是否符合伦理规范等问题进行辩论和讨论。

第五，个人反思和写作。学生可以被要求进行个人反思，写下他们在情感共鸣中的感受和对道德问题的思考。这有助于培养他们的自我认知和道德内化。

通过以上方法，教师可以充分利用情感共鸣的力量，引发学生对道德问题的深刻思考和内化道德价值观。这有助于学生不仅理解文学作品的情感层面，还能够将其中的道德启示运用到自己的生活和价值观中。

（二）科学与社会责任融合

在科学课程中融入社会责任教育，可以引导学生认识科学与社会的紧密联系，培养科学家的社会责任感。教师可以介绍科学家在科研过程中所遵循的伦理道德标准，强调科学研究对社会的影响。通过讨论科学技术发展所带来的伦理问题，学生能够深入思考科学的道德边界和社会责任。这样的融合不仅增强了学生的伦理意识，还培养了他们的社会责任感和公民素质，使科学教育更具人文关怀和社会意义。

1. 科研伦理的重要性

科研伦理是科学研究中不可或缺的一部分，它涵盖了科学家在研究过程中应遵循的道德标准和原则。以下是科研伦理的一些关键方面：

第一，数据操纵与诚信。科研人员应当诚实和透明地处理和报告研究数据，不得操纵或歪曲数据以符合自己的假设或预期结果。数据的可信性是科学研究的基石。

第二，知识产权和合作。在科研中，知识的产权和合作伦理是关键问题。科研人员应当尊重他人的知识产权，不得侵犯他人的研究成果。同时，合作时应遵守合作协议和伦理规范。

第三，动物与人体实验伦理。对于涉及动物和人体实验的研究，科研人员应当遵循伦理标准，确保实验的合法性、伦理性和安全性。这包括获得必要的伦理审批和知情同意。

2. 社会影响与伦理抉择

科研伦理的遵守与否直接影响到科学研究对社会的影响。以下是一些关于伦理抉择和社会影响的方面：

第一，伦理抉择的社会后果。学生通过案例分析可以了解一些科研伦理失范的实例，如虚假数据发布、动物实验不当、侵犯知识产权等。这些伦理失范会导致社会对科学的信任受损，产生严重的负面影响。

第二，人体基因编辑。学生可以深入研究人体基因编辑技术（如 CRISPR-Cas9），了解科学家在这一领域的伦理抉择。这个案例可以引发讨论科学发展如何在伦理和社会价值观之间找到平衡，以及科研人员在处理道德挑战时应采取的方法。

第三，社会责任感和伦理意识。教育可以培养学生的社会责任感和伦理意识，使他们明白科学研究不仅仅是追求知识，还需要考虑其对社会、环境和人类的影响。学生应该能够在伦理抉择时权衡科研的利弊。

3. 教育方法与案例分析

为了帮助学生更好地理解科研伦理和社会影响，可以采用以下教育方法：

第一，案例分析。使用真实的科研伦理案例，让学生深入了解伦理抉择的复杂性和后果。学生可以通过讨论这些案例来思考伦理标准和原则的应用。

第二，伦理辩论。组织伦理辩论，让学生在特定伦理问题上发表不同的观点和论证。这有助于培养他们的伦理思考和辩证能力。

第三，伦理教育课程。学校可以引入伦理教育课程，专门讨论科研伦理和伦理抉择。这些课程可以包括伦理理论、案例研究和伦理决策模型等内容。

三、实践案例对于融合模式的指导意义

（一）增强教学活力

传统的学科教育往往过于注重理论传授，缺乏足够的实际应用和引导性问题。而融合模式的实践案例应用，能够使课程内容更贴近学生的兴趣和生活，从而增加学习的吸引力和动力。例如，通过引入具体的案例，教师能够让学生在课程中亲身体验和感知，从而使抽象的思想政治变得更加具体和实际。这种活跃的教学氛围不仅能够提高学生的参与度，还能够激发他们的好奇心和求知欲，促进知识的深入探索。

1.问题导向的案例设计

传统的学科教育常常将课程内容呈现为一系列抽象的理论知识，缺乏足够的实际应用场景，难以激发学生的学习兴趣。然而，融合模式的实践案例应通过问题导向的设计，能够使课程内容更具体、更贴近学生的实际生活，从而增强教学活力。教师可以选择与学科内容相关的实际问题，设计具有挑战性和启发性的案例，引发学生的思考和讨论。

首先，提高学习兴趣。问题导向的案例设计有助于提高学生的学习兴趣。相对于单一的理论知识传授，案例设计将抽象的概念与具体的情境相结合，使学生更容易理解和感受到知识的实际应用。这种实际问题的呈现方式可以激发学生的好奇心和求知欲，使他们更主动地投入到学习过程中。例如，在历史课程中，通过讨论一个特定历史事件的影响，学生可以更深入地了解历史的背景和相关因素。这种情境化的学习方式能够使历史课程更加吸引人，让学生更容易产生兴趣。

其次，培养问题解决能力。问题导向的案例设计鼓励学生积极思考和解决复杂问题。在案例中，学生通常需要分析情境、识别问题、提出解决方案，并进行论证。这个过程培养了学生的批判性思维、创新性思维和逻辑思考能力。例如，在科学课程中，一个关于环境问题的案例可以引发学生对环境保护措施的讨论。学生需要考虑环境问题的多个方面，如影响、原因和解决方案，从而培养了他们的问题解决能力。

再次，跨学科融合。问题导向的案例设计有助于跨学科的融合。它可以将不同学科领域的知识和方法有机地结合在一起，使学生能够综合运用不同学科的知识来解决复杂问题。这有助于培养学生的跨学科思维能力，使他们更全面地看待世界和社会。例如，在案例中涉及科学、社会学和政治学等多个学科领域的知识，学生需要综合考虑这些因素来解决问题。这种跨学科的综合思维有助于学生更好地理解问题的多样性和复杂性。

最后，实际问题的应用。问题导向的案例设计使学生能够将理论知识应用于实际问题解决中。通过分析案例，学生不仅了解理论知识的概念，还能够看到这些知识在实际情境中的应用。这种实际问题的应用有助于学生更好地理解和记忆知识。例如，在数学课程中，一个关于财务规划的案例可以帮助学生理解复利和投资的概念，并将其应用于个人理财决策中。这种应用性的学习使学生更容易理解和记忆数学原理。

2.实践体验与情感共鸣

首先，实践体验在融合模式的思想政治课程中具有显著的教育价值。通过组织学生参与实际项目、调研或社会活动，思想政治课程可以实现以下教育目标：一是，社会责任感的培养。参与实际项目或社会活动可以培养学生的社会责任感。他们亲身体验到自己的行动可以对社会产生影响，从而更加关注社会问题，并积极参与社会变革。二是，综合能力的提升。实践体验有助于培养学生的综合能力，包括问题解决、团队合作、沟通和领导能力。这些技能对于未来的职业和公民参与都非常重要。

其次，情感共鸣是另一个在融合模式思想政治课程中强调的重要教育元素。情感共鸣可以通过引入感人的案例、历史故事或社会案例来实现，激发学生的情感体验和共鸣，实现以下教育目标：一是，情感投入。感人的故事或案例可以引发学生的情感投入。他们会深入感受其中的情感，对故事中的人物或事件产生共鸣，从而更深刻地理解其中的价值观和伦理道德。二是，价值观的塑造。情感共鸣有助于塑造学生的价值观。通过接触感人的案例，学生可以反思自己的价值观和信仰，思考社会问题和伦理抉择。三是，激发学习兴趣。情感共鸣可以激发学生对思想政治和社会问题的兴趣。学生会更积极地参与课程，深入研究相关主题，因为他们与之建立了情感联系。

3.多媒体与互动技术的应用

首先，多媒体与互动技术在融合模式的思想政治课程中扮演着关键的角色，为教学活动增添了生动和互动的元素。以下是多媒体和互动技术在思想政治教育中的应用方面的一些重要特点：一是，信息呈现与可视化。多媒体技术可以将抽象的思想政治和概念通过图像、视频和动画等方式呈现出来。这样的可视化呈现有助于学生更直观地理解和感知复杂的政治理论，使抽象的概念变得更加具体和生动。二是，互动性和参与度。互动技术可以增强学生的参与度。通过在线讨论、虚拟模拟和电子投票等互动方式，学生可以积极参与课堂，提出问题、分享观点并与教师和同学进行互动。这有助于促进学生的批判性思考和深度学习。三是，个性化学习。多媒体技术还支持个性化学习。教师可以根据学生的兴趣和学习风格提供定制化的学习内容，帮助他们更好地探索和理解思想政治领域中感兴趣的主题。

其次，多媒体和互动技术的应用在思想政治教育中有多个方面的优势：一是，丰富的资源。多媒体技术能够提供大量的资源，包括历史文献、政治演讲、视频资料等。这样的资源丰富了课堂内容，帮助学生更全面地理解思想政治的历史和发展。二是，跨学科融合。多媒体技术可以促进不同学科之间的融合。例如，在历史和文学课程中，教师可以利用多媒体资源来探讨思想政治与文化、历史事件之间的关系，从而加深学生对多维度思考的理解。三是，实践模拟。虚拟模拟和互动技术可以让学生模拟真实政治决策过程。他们可以扮演政治领袖，面对各种政策选择和伦理挑战，这有助于培养学生的领导力和决策能力。四是，在线学习平台。多媒体和互动技术也支持在线学习平台的建设。这使得学生可以随时随地获取学习材料，自主学习，提高学习的便捷性和灵活性。

（二）提升学科教育质量

融合模式将思想政治与学科知识相结合，能够使学科教育更加丰富和有深度。实践案例的成功应用表明，将思想政治融入学科教育可以使学科知识更具实际应用价值，更贴近学生的实际需求。例如，在科学课程中引入伦理道德问题，能够让学生意识到科学研究与社会伦理的紧密关联，从而提升他们的社会责任感和伦理判断力。这种融合不仅能够增强学科教育的实用性，还能够培养学生的综合素质，使其在未来的学习和工作中更具竞争力和应变能力。

1.实际应用价值的提升

传统的学科教育往往过于强调理论知识的传授，学生难以将所学知识与实际问题联系起来。而通过实际案例的引入，学生能够更好的理解学科知识在实际问题解决中的应用。例如，在经济学课程中，引入经济学的思想，可以帮助学生更好地理解经济现象背后的因素，从而增强他们对经济学知识的实际理解和应用能力。这种实际应用价值的提升不仅能够增强学生的学科学习兴趣，还能够培养他们解决实际问题的能力，使学科知识更具实际意义。

首先，实际应用价值的提升在现代教育中具有重要意义。传统的学科教育通常将知识传授为主，而实际应用往往被忽视。然而，学生不仅需要掌握理论知识，还需要能够将这些知识应用于解决实际问题。以下是实际应用价值提升的一些关键因素和方法：一是，联系实际问题。教育者应该将学科知识与实际问题紧密联系起来。这可以通过引入具体案例、实际应用场景和现实生活中的挑战来实现。例如，在数学课程中，可以通过解决实际工程问题或金融分析案例来帮助学生理解数学的应用。二是，实践体验。实践体验是提高实际应用能力的重要手段。学生可以参与实际项目、实验、实习或社区服务，从中获得实际应用价值的体验。例如，在工程课程中，学生可以参与工程项目，实际设计和构建工程系统，从而将理论知识付诸实践。三是，问题导向学习。问题导向学习强调学生主动提出问题、探索解决方案的过程。这种学习方式可以培养学生的问题解决能力，并将学科知识与实际问题解决相结合。在这种情况下，教育者的角色是引导学生提出合适的问题，并提供支持和反馈。四是，实际案例分析。实际案例分析是一种常见的教学方法，通过分析真实案例来帮助学生理解学科知识的应用。案例可以涉及各种领域，包括商业、医疗、社会科学等。学生通过分析案例，探讨问题，并提出解决方案，从而增强了实际应用的能力。

其次，实际应用价值的提升对于学生的综合素质发展和职业准备都至关重要。学生通过实际应用知识，不仅能够更好地理解学科的实际意义，还能够培养解决问题、创新和领导能力。这些能力不仅在学术领域有用，还在职业生涯中具有重要价值。因此，教育者应积极探索和推动实际应用价值的提升，以培养具备深度思考和实际解决问题能力的高素质人才。

2.学科知识的深化和拓展

首先，将跨学科的方法融入学科教育是提高学科知识深度和广度的一种有效途径。例如，在生物学课程中引入哲学思考，讨论生命伦理学的问题，可以促使学生更深入地思考生命科学背后的伦理和哲学考量。这样的讨论不仅丰富了学科教育，还培养了学生的道德意识和思辨能力。

其次，历史与文学的交叉探讨也是深化学科知识的有效方式。在文学课程中，将历史背景融入文学作品的解读可以使学生更好地理解文学作品的背景和作者的意图。通过阅读文学作品，学生可以了解历史时期的社会和文化情境，进一步拓展了他们的历史知识。

再次，数学和艺术的结合也能够提高学科教育的深度。通过艺术作品的分析和创作，学生可以探讨数学在几何形状、对称性和比例方面的应用。这种跨学科的方法不仅有助于学生理解数学概念，还培养了他们的创造力和审美意识。

最后，将科学与伦理道德教育相结合，可以深化学生对科学伦理的理解。在化学或生物学课程中，讨论科学研究的伦理问题，例如基因编辑或化学废物处理，可以引导学生思考科学研究的社会和道德影响。这种讨论可以培养学生的伦理判断力，使他们更全面地理解科学知识。

第三节　学科教育与思想政治教育融合的案例分析

一、学科知识与思想政治教育的交叉点

（一）思想政治教育对学科知识的影响

思想政治教育作为社会发展和变革的引导，常常在各个学科领域中产生重要影响，塑造了学科知识的发展方向和理论基础。以下是几个学科领域中思想政治对学科知识的影响的具体例子：

1.社会学领域

第一，社会学领域的思想政治教育。在社会学领域，思想政治教育对学科知识的影响是多方面的。思想政治教育可以帮助学生更深刻地理解社会结构和社会变迁的历史背景。社会学课程常常涉及到不同体制和意识形态对社会的影响，思想政治教育可以使学生更好地理解这些影响，从而更好地理解社会学理论。

第二，社会学理论与思想政治教育的融合。思想政治教育可以与社会学理论相融合，使学生深入思考社会问题。例如，思想政治教育可以引导学生探讨不同社会体制下的社会不平等问题，并思考政治体系对社会公平的影响。这种融合有助于培养学生的批判性思维和社会分析能力。

第三，思想政治教育与社会研究方法。社会学研究通常需要运用各种研究方法来收集和分析数据。思想政治教育可以教授学生如何进行政治和社会调查，并帮助他们理解政治研究的伦理和价值观方面的考量。这有助于培养学生的研究能力和职业道德。

第四，社会变革与思想政治教育。社会学关注社会变革和社会发展，思想政治教育可

以让学生更好地理解不同政治意识形态对社会变革的影响。例如，学生可以研究历史上的政治运动和社会改革，以及这些运动如何塑造了社会结构和价值观。

第五，社会学教育的综合性。思想政治教育不仅仅在社会学课程中有影响，还在社会学教育的综合性方面发挥作用。它可以培养学生的公民责任感，使他们更加积极参与社会和政治活动，促进社会学知识与实践的结合。

思想政治教育对社会学领域的学科知识产生深远的影响，通过与社会学理论、研究方法和实践的融合，帮助学生更好地理解社会问题，培养批判性思维和公民责任感，从而提高了社会学教育的深度和广度。这种跨学科的教育方法为学生提供了更全面的社会学知识，有助于他们更好地应对社会的挑战和机遇。

2.历史学领域

第一，历史学领域的思想政治教育。思想政治教育在历史学领域具有重要的影响。首先，它可以帮助学生理解历史事件和历史人物的政治背景和思想动机。历史学课程通常包括政治历史的内容，思想政治教育可以帮助学生更深入地分析历史事件的政治因素。

第二，思想政治教育与历史研究方法。历史研究通常需要深入的文献研究和分析技巧。思想政治教育可以培养学生对历史文献的批判性阅读能力，并帮助他们理解历史研究中的伦理和道德问题。这有助于学生更好地从历史文献中获取信息并进行客观的历史研究。

第三，历史哲学与思想政治教育的交叉。历史学与哲学有着密切的联系，特别是在思考历史事件和历史发展的背后哲学观念时。思想政治教育可以引导学生研究历史哲学思想，例如历史唯物主义和历史理性主义，以及这些思想对历史学的影响。

第四，历史教育与公民教育。思想政治教育在历史教育中也有重要作用，因为历史课程通常涉及到公民教育的内容。它可以帮助学生理解政治制度的演变和公民权利的发展，培养他们的公民责任感和政治参与意识。

第五，历史学的综合性。思想政治教育不仅仅在历史学课程中有影响，还在历史学的综合性方面起作用。它可以启发学生思考历史与当代社会的联系，帮助他们更好地理解世界历史和国际关系的复杂性。思想政治教育也可以激发学生对历史事件的影响和教训进行深入思考，从而培养了他们的批判性思维和分析能力。

3.生态学领域

首先，生态学领域的思想政治教育。思想政治教育在生态学领域可以引发学生对环境问题更深层次的思考和探索。它可以帮助学生理解环境问题与政治决策之间的紧密联系。生态学课程通常涉及到环境政策和可持续发展的议题，思想政治教育可以使学生更好地理解环境问题的维度。

其次，思想政治教育与环境伦理学。生态学研究常常涉及到伦理和道德问题，例如生态系统的保护和人类的责任。思想政治教育可以引导学生研究环境伦理学的理论，思考不同伦理观念对环境决策的指导作用。

最后，生态学教育的综合性。思想政治教育在生态学教育的综合性方面也具有作用。它可以培养学生的环保意识，激发他们参与环境保护和可持续发展的积极性，促进生态学知识与社会实践的结合。

4. 教育学领域

首先，思想政治教育在教育学领域有着重要的影响。它可以帮助学生理解教育体制和教育政策的形成与演变。教育学课程通常包括教育政策的研究，思想政治教育可以使学生更好地理解政治决策对教育实践的影响。

其次，教育哲学与思想政治教育的交叉。教育学与哲学有着紧密的联系，特别是在思考教育的目的和价值观时。思想政治教育可以引导学生研究教育哲学思想，例如教育平等和教育公平，以及这些思想对教育实践的影响。

再次，教育伦理学与思想政治教育。教育伦理学关注教育实践中的道德和伦理问题，例如学生权利和教育公平。思想政治教育可以帮助学生理解教育伦理学的理论，思考不同伦理观念对教育决策的指导作用。

最后，教育学教育的综合性。思想政治教育不仅仅在教育学课程中有影响，还在教育学教育的综合性方面具有作用。它可以培养学生的教育价值观和教育伦理意识，使他们成为具有责任感和社会使命感的教育从业者。思想政治教育还可以激发学生对不同教育系统和教育改革的兴趣，促使他们积极参与教育改革和政策制定。

5. 医学与健康领域

首先，医学与健康领域的思想政治教育。在医学与健康领域，思想政治教育对学科知识产生深远的影响。首先，它可以帮助学生理解医疗体系和卫生政策的制定与实施。医学和健康课程常涉及到医疗伦理和卫生政策的内容，思想政治教育可以使学生更好地理解政治决策对医疗实践和健康政策的影响。

其次，医学伦理学与思想政治教育的融合。医学伦理学是医学领域的重要分支，涉及到医疗道德和患者权益等问题。思想政治教育可以引导学生研究医学伦理学的理论，思考伦理观念对医疗实践的指导作用，以及医疗伦理与社会伦理之间的关系。

再次，医学与社会的交叉研究。思想政治教育可以鼓励学生进行医学与社会的交叉研究，探讨社会因素对健康的影响以及不同政治体制下的卫生保健制度。这种交叉研究有助于学生更全面地理解医学与健康问题。

最后，医学与健康领域的综合性。思想政治教育在医学与健康领域的教育综合性方面也具有作用。它可以培养学生的卫生伦理意识和社会责任感，激发他们参与卫生改革和医疗实践的积极性，促进医学与健康知识与社会实践的结合。

（二）学科知识在思想政治教育中的应用

学科知识为理解和分析思想政治提供了有力的工具和视角。在思想政治教育中，通过引入学科知识，可以使抽象的思想政治变得更加具体和实际，有助于学生更好地理解和运用这些思想。例如，在哲学课程中，引入不同学科领域的思想家观点，可以帮助学生更深刻地理解不同思想政治的逻辑和核心观点。在法律课程中，探讨不同政治体制下的法律体系和法治原则，有助于学生理解思想政治与法律制度的关系。

1. 哲学与思想政治教育

哲学作为探讨思维方式、价值观和人类存在等基本问题的学科，与思想政治有着紧密的联系。通过将哲学思想与思想政治相融合，可以帮助学生深入思考政治问题的本质和背后的哲学基础。

第一，哲学的角色和思想政治教育。哲学作为一门探讨基本问题的学科，包括思维方式、价值观、伦理学、政治哲学等领域，与思想政治教育有着紧密的联系。哲学提供了思考和分析政治问题的理论框架，有助于学生深入理解政治背后的哲学基础。

第二，伦理学与思想政治教育的交叉。伦理学是哲学的一个重要分支，涉及到道德和价值观的问题。通过将伦理学与思想政治教育相结合，可以引发学生对政治决策的道德考量和伦理价值观的探讨。例如，学生可以讨论不同政治立场对伦理价值观的影响，以及政治决策如何符合或挑战道德原则。

第三，制度理论与思想政治教育的融合。制度理论是哲学领域的一个重要议题，涉及到不同政治制度的理论基础。通过将制度理论与思想政治教育相融合，学生可以深入探讨不同体制的哲学根据，例如民主制度、专制制度等，以及这些制度对社会的影响。

第四，哲学教育的综合性。哲学教育不仅在哲学课程中有影响，还在教育的综合性方面发挥作用。它可以培养学生的批判性思维和哲学思考能力，使他们能够更全面地理解社会和政治问题，以及人类存在的哲学考量。思想政治教育也可以激发学生对哲学和思想政治的兴趣，促使他们深入研究这些领域。

2. 社会学与思想政治教育

首先，社会学与思想政治教育的交叉点在于它们共同关注权力、权威、意识形态和社会变革等议题。社会学研究社会中的各种关系和结构，思想政治研究政治力量和意识形态如何塑造社会。通过将这两个领域融合，我们可以引导学生深入思考政治现象如何受到社会背景和社会结构的影响。

其次，社会学可以提供对社会问题和不平等现象的深入理解，而思想政治教育可以帮助学生理解这些问题的政治根源和意识形态背景。

3. 法律学与思想政治教育

首先，法律学与思想政治教育之间的关联在于法律是社会秩序的重要组成部分，而思想政治则影响着法律的制定和实施。在法律学领域，学生学习法律体系、法律原则、案例分析等内容，而思想政治教育可以帮助学生理解法律的背后是什么样的政治理念和意识形态在起作用。

其次，思想政治教育可以引导学生深入思考法律伦理和法治原则。法律不仅仅是一套规则，还包含了道德和伦理的因素。通过将法律学与思想政治教育相结合，学生可以研究不同法律决策对社会伦理和价值观的影响。例如，学生可以讨论在权利与安全之间如何权衡，以及法律如何反映了社会的伦理观念。

再次，思想政治教育可以激发学生对法治原则和权利的热情。学生可以通过研究不同政治体制下的法律体系来理解法治的本质，以及不同思想政治对法治的态度。这有助于培养学生的法治观念，使他们成为尊重法律、维护法治的公民。

最后，思想政治教育还可以帮助学生理解法律的演变和改革与政治决策之间的关系。法律是一个动态的领域，不断发展和适应社会变革。通过将法律学与思想政治教育相结合，学生可以研究不同政治背景下的法律改革和法律变革的驱动力，以及这些变革如何影响了社会秩序和权益保障。

（三）深化思想政治教育的内涵

将学科知识与思想政治教育融合，可以丰富思想政治教育的内涵。通过实际案例的引入，学生不仅能够了解思想政治教育的理论体系，还能够看到这些思想在实际问题中的应用和影响。这种实际案例的分析能够激发学生的思辨能力和创新思维，使思想政治教育更具深度和启发性。

1. 理论与实践相结合

思想政治教育通常涉及抽象的政治理论和思想体系，而学科知识则强调实际问题的分析和解决。通过将理论与实践相结合，学生能够更好地理解思想政治教育的现实应用。实际案例作为桥梁，将抽象的政治理论与具体的问题情境连接起来，使学生能够在实际情境中运用理论，增强他们对思想政治教育的理解深度和实际运用能力。

2. 培养批判思维和创新能力

学科融合模式通过实际案例的引入，要求学生从不同角度审视问题，分析其逻辑和合理性，提出新颖的见解和解决方案。这种批判性思维和创新能力的培养不仅有助于学生更好地理解思想政治，还能够在日常生活和职业发展中受益。

3. 增强问题意识和实践能力

将学科知识与思想政治教育融合，有助于增强学生的问题意识和实践能力。实际案例常常涉及现实中的复杂问题，学生需要通过分析、讨论和解决实际案例来培养解决问题的能力。这种能力的培养不仅可以帮助学生更好地理解思想政治，还能够培养他们在面对复杂社会问题时的应对能力。

4. 增进社会责任感和公民意识

思想政治教育的目标之一是培养学生的社会责任感和公民意识，使他们能够更加关注社会问题，积极参与公共事务。学科融合模式通过实际案例的引入，使学生更好地了解思想政治在社会中的影响，进而培养他们的社会责任感。通过分析思想政治在实际问题中的应用，学生能够更加深刻地认识到自己作为公民的角色和责任。

二、不同学科融合在思想政治教育中的应用

（一）科学与思想政治教育的融合

首先，科学与思想政治教育的融合可以帮助学生更好地理解科学发展与政治决策之间的关系，以及科学如何受到社会和政治因素的影响。这有助于培养学生的科学伦理观念和科学公民意识，使他们成为既懂科学又懂社会政治的综合型人才。

其次，科学伦理是科学领域的重要议题，涉及到科学实验、研究道德、科学信息的传播等问题。通过将科学伦理与思想政治教育相结合，学生可以研究不同科学实践背后的伦理考量，思考科学决策对社会的道德影响，以及政治决策如何塑造了科学伦理。

再次，科学政策分析涉及到科技政策的制定与实施，以及科学技术如何影响社会。思想政治教育可以引导学生研究科学政策与政治决策之间的关系，以及政治理念如何指导科技发展和创新。

最后，科学教育的综合性不仅包括科学知识的传授，还包括培养学生的科学思维、科学伦理和科学公民意识。思想政治教育可以在科学教育中引导学生思考科学与社会的关系，培养他们的科学伦理观念和社会责任感。

（二）历史与思想政治教育的融合

首先，历史与思想政治教育的融合有助于学生更好地理解历史事件与思想政治之间的联系，以及历史如何影响了政治制度和政治决策。这有助于培养学生的历史意识和政治理解能力，使他们能够更全面地分析和理解当今社会和政治现象。

其次，政治历史研究政治制度、政治事件和政治领袖的演变过程。通过将政治历史与思想政治教育相结合，学生可以深入研究不同政治观点在历史中的演变和影响，了解政治体制的演进过程，以及历史事件如何塑造了不同的政治观点和政治文化。

再次，历史政策分析涉及到政策制定、政治决策和历史事件之间的关系。思想政治教育可以引导学生研究历史政策的背后是什么样的政治理念和意识形态在起作用，以及政治决策如何反映了历史背景和历史文化。

最后，历史教育的综合性包括历史知识的传授，也包括历史思维和历史文化的培养。思想政治教育可以在历史教育中引导学生思考历史与政治的关系，培养他们的政治意识和历史思维，使他们能够更全面地理解历史事件和历史文化对政治决策和社会发展的影响。

（三）经济学与思想政治教育的融合

首先，经济学和思想政治教育的融合，可以帮助培养具有全面素质的人才。经济学提供了实践性强、逻辑性强的知识体系，思想政治教育则注重培养学生的思想道德素养和社会责任感。融合后，学生不仅能够掌握经济学的理论和方法，还能够理解和应用思想政治教育的核心价值观，全面发展自身素质。

其次，经济学和思想政治教育的融合，可以更好地实现理论与实践的结合。经济学作为一门实证科学，通过经济分析和经济规律揭示经济发展的规律，而思想政治教育强调对

社会主义核心价值观的理解和践行。融合后，学生不仅能够理解经济学原理，还能够将其应用于现实经济问题的解决，并结合思想政治教育的理念和价值观来引导经济行为的决策。

第三，经济学和思想政治教育的融合，可以培养社会主义事业的建设者和接班人。学生通过经济学和思想政治教育的融合学习，可以深入了解社会主义的理念、原则和实践，树立正确的世界观、人生观和价值观。他们将具备对社会主义建设的思辨能力和判断力，具备为社会主义事业做出贡献的能力和意愿。

第四，经济学和思想政治教育的融合，可以提升学生的综合能力。学生在融合的学习中将接触到不同的学科内容和学术方法，培养了他们的综合思考、问题解决和决策能力。他们能够在面临复杂经济决策时综合考虑经济效益、社会效益和价值导向，做出更符合社会主义原则和实际需求的决策。

综上所述，经济学和思想政治教育融合的意义在于培养综合素质的人才，促进理论与实践的结合，培养社会主义建设者接班人，并提升学生的综合能力。这对于推进社会主义现代化建设、培养具有国际竞争力的人才具有重要意义。

第四章 实践教育融合模式在思想政治教育中的应用

第一节 实践教育融合模式的基本特点与作用

一、实践教育融合模式的概念及特点

实践教育融合模式是一种创新的教育方法，旨在将理论知识与实际应用有机地结合，以促进学生综合素质的全面发展。这一模式不仅强调对学科知识的传授，更强调学生在实际情境中的实际操作能力、问题解决能力、创新思维和实际应用能力的培养。实践教育融合模式具有跨学科性质，可以在不同学科领域中应用，将学科知识与社会实际相结合，使学生能够更好地理解、运用和贡献知识。

在实践教育融合模式中，学生通过参与实际项目、问题解决、模拟情境等方式，将抽象的理论知识转化为实际行动，从而培养他们的实际操作能力。这种模式强调实践活动与学科知识的有机结合，使学生能够更深入地理解知识内涵，更灵活地运用知识解决实际问题，提升自己在现实生活中的综合素质。

主要特点分析：

（一）多元学科融合

1. 促进跨学科思维

实践教育融合模式鼓励学科之间的交叉与融合，使学生不仅局限于单一学科的知识体系，而是能够将不同学科的视角融合在一起，进行跨学科的思考。例如，在探讨环境问题时，学生需要结合生态学、社会学、政治学等多个学科的知识，从不同角度分析问题，提出综合性解决方案。

2. 解决综合性问题

实际问题往往是多维度、多学科交叉的复杂性问题，多元学科融合能够使学生更好地理解和解决这些问题。例如，应对全球性的气候变化挑战，学生需要结合气象学、政治学、经济学等知识，探讨综合性的应对策略。

3. 培养创新思维

不同学科的交叉融合能够激发学生的创新思维，帮助他们发现新的问题、提出新的观

点，并在实践中实现创新。例如，在科技发展与伦理道德融合中，学生需要在科学、伦理、法律等多个领域进行创新性思考，提出平衡科技发展与社会伦理的方法。

（二）理论与实践相结合

1.实践验证理论

实践教育融合模式强调将理论知识应用于实际问题解决中，通过实践验证理论的有效性。例如，在社会调查与数据分析融合中，学生可以运用社会科学研究方法进行实际调查，从而验证社会学理论在实际情境中的适用性。

2.培养实际操作能力

学生通过参与实际项目，能够获得实际操作的经验，提高他们在实际场景中解决问题的能力。例如，在创业与创新融合中，学生可以从创意到产品推出的整个过程中，锻炼市场营销、财务管理等实际操作技能。

3.增强学习动机

实际问题的解决过程能够激发学生的学习兴趣和动机，使他们更加愿意深入学习相关理论知识。例如，在文化遗产保护与管理融合中，学生通过实际参与文化保护项目，会更加渴望学习相关的历史、文化学知识。

（三）社会与个体发展统一

1.社会参与责任感

首先，实践教育融合模式的重要性在于它可以将学生从课堂的抽象学习环境中带到现实世界中，使他们能够亲身体验社会问题和需求。这种教育模式强调学生的参与和互动，让他们成为社会的一部分，而不仅仅是观察者或接受者。其中一个典型的融合模式是社区发展与社会创新，下面将更详细地探讨这一模式。

其次，社区发展与社会创新融合模式的核心目标是培养学生的社会责任感和公民意识。通过参与社区项目，学生可以与社区成员互动，了解他们的需求、问题和挑战。这种亲身经历使学生更加敏感于社会问题，能够更好地理解不同社会群体的生活情况。

再次，这种融合模式强调实践与理论的结合。学生不仅在实际项目中应用他们在课堂上学到的理论知识，还通过实际经验反馈来加深对理论的理解。这种反馈循环可以提高学生的分析和问题解决能力，使他们更具备解决社会问题的能力。

此外，社区发展与社会创新融合模式鼓励学生团队合作和领导能力的培养。在社区项目中，学生通常需要与团队成员协作，共同解决问题。这有助于培养学生的团队合作技能，提高他们的领导潜力，并加强了解决社会问题所需的综合能力。

最后，这种模式强调学生的自主性和主动性。学生通常有机会选择参与哪些社区项目，根据自己的兴趣和激情来投入。这种自主性鼓励学生发展自己的志愿服务和社会参与计划，使他们能够更有动力地投入到社会责任领域。

2.合作与领导能力

首先，合作与领导能力的培养在现代教育中具有重要意义。这两种能力不仅在学校教育中有价值，而且在职业生涯和社会参与中也至关重要。通过实践活动，尤其是在公共政策与社会变革领域的融合中，学生有机会发展这些关键技能。

其次，合作精神是指学生能够有效地与他人合作，共同达成共识，解决问题，实现共同目标。在公共政策与社会变革的融合中，学生通常需要与多个团队成员协作，包括政策制定者、社会工作者、研究人员等。他们需要学会倾听他人的意见，协调不同的观点，制定共同的计划，并分工合作，以达到政策变革的目标。这种合作精神有助于学生培养沟通、协调和团队合作的能力，这些技能在各个领域都非常重要。

再次，领导能力是指学生能够在团队中扮演积极的领导角色，指导团队成员并推动项目的实施。在公共政策与社会变革的融合中，学生可能被要求担任团队领导，负责协调成员的工作、制定战略、解决问题并推动政策的实施。这种领导经验不仅有助于学生发展领导技能，还有助于他们更好地理解领导的挑战和责任。

最后，领导力的培养还涉及到学生的自我意识和领导风格的发展。通过参与实际项目，学生可以更好地了解自己的优势和局限性，进一步完善领导风格，提高决策能力和解决问题的能力。这有助于他们在未来的职业生涯中更有效地领导团队和组织。

3.个人发展与全面素质

首先，实践教育融合模式旨在促进学生的个人发展和全面素质提升，强调学生在实际参与中培养实际操作能力、领导力、合作能力等综合素质。这种模式将课堂知识与实际经验相结合，为学生提供了更广泛的学习机会，有助于他们在多个方面取得成长和进步。

其次，环境可持续发展与社会责任融合模式是一个典型的实践教育模式。在这个模式下，学生通过组织和参与环保活动，如清理河滩、植树造林、环保宣传等，不仅提升了个人组织能力，还培养了环保意识和社会责任感。这些活动不仅有助于改善环境质量，还有助于学生的个人发展和全面素质提升。

再次，个人发展与全面素质的提升涉及到多个维度。第一，学生通过参与实际项目培养实际操作能力。他们需要制定计划、组织资源、解决问题，这些都是实际操作的关键技能。第二，学生通过担任领导角色培养领导力。在环境可持续发展项目中，学生可能会被要求组织团队、协调活动、推动项目实施，这有助于他们发展领导技能。再次，学生通过团队合作培养合作能力。在环保活动中，学生需要与其他志愿者协作，共同达成环保目标，这锻炼了他们的团队合作技能。

从次，环境可持续发展与社会责任融合模式还有助于学生培养环保意识和社会责任感。学生通过亲身参与环保活动，亲历环境问题，了解可持续发展的重要性，培养了对环境的尊重和保护意识。同时，他们也通过服务社区和推动社会变革，树立了社会责任感，意识到个人行动可以对社会产生积极影响。

最后，实践教育融合模式不仅有助于学生的个人发展，还为他们的职业生涯和社会参与提供了坚实的基础。学生通过实际经验积累了丰富的素质和技能，使他们更有竞争力，更有能力在不同领域中取得成功。这种模式培养了具备综合素质的学生，他们不仅具备专业知识，还具备实际操作能力、领导力、合作能力、环保意识和社会责任感等多方面的素质，为未来的发展和社会参与打下了坚实的基础。

二、融合模式对学生综合素质培养的贡献与影响

（一）提升综合能力

1. 创新思维

首先，实践教育融合模式注重跨学科思考的培养。这种教育模式要求学生不仅要掌握专业知识，还要能够将不同学科领域的知识和思想相互关联，形成综合性的思维方式。通过将不同领域的知识相结合，学生能够更好地理解和解决复杂的社会和科学问题。例如，在环境可持续发展与社会责任的融合中，学生需要综合考虑环境科学、社会学、政治学等多个学科领域的知识，以制定综合性的可持续发展计划。

其次，实践教育融合模式强调实际问题的创新解决。学生不仅需要掌握理论知识，还需要能够将这些知识应用于实际情境，并提出创新的解决方案。这种创新思维能力是在解决复杂问题和应对现实挑战时至关重要的。通过实际项目和案例研究，学生可以培养在复杂情境下找到新途径的能力，促进创新和改进现有做法。

最后，实践教育融合模式培养了批判性思维能力。学生通过实际案例分析和讨论，不仅可以提出新的解决方案，还可以分析评估现有方案的优劣之处。这种批判性思维能力使学生能够全面理解问题，辨别不同观点的优势和劣势，做出明智的决策。例如，在公共政策与社会变革的融合中，学生需要分析各种政策方案的影响，评估其可行性，以制定最佳政策建议。

2. 团队合作

首先，实践教育融合模式的一个重要目标是培养学生的团队合作能力。在实际项目和活动中，学生往往需要与团队成员合作，共同解决问题和完成任务。这种合作不仅要求学生具备专业知识，还需要具备协调与沟通的能力。协调与沟通能力的培养是团队合作中至关重要的一环。学生需要能够有效地与他人沟通，明确任务分工，协调行动，并及时解决问题。这不仅提升了学生的团队合作技能，还有助于他们在职业生涯中更好地应对各种合作挑战。

其次，实践教育融合模式强调角色分工与贡献。在团队合作中，学生通常会被分配不同的角色和任务，以确保团队能够高效运作。这有助于学生理解和体验团队合作中的角色分工和协调。通过扮演不同的角色，学生能够更好地理解不同角色的重要性，培养分工合作的意识。这也有助于他们发展领导潜力，因为领导角色往往需要协调和组织团队的能力。

再次，团队合作中常常伴随着意见分歧和冲突。这是正常的，但如何处理冲突并找到解决方案是团队合作中的关键挑战之一。实践教育融合模式通过合作解决冲突，帮助学生培养解决问题的能力。学生需要学会倾听他人的意见，理解不同观点，寻找妥协和共赢的

解决方案。这种经验不仅有助于团队成功地克服冲突，还增强了团队的凝聚力，使成员更加紧密地协作。

最后，团队合作是现代社会和职场中的重要技能之一。实践教育融合模式通过培养学生的团队合作能力，使他们更有竞争力，更适应各种职业环境。学生在实际项目中的团队合作经验将为他们未来的职业生涯提供有力支持，不论是在企业、非营利组织还是政府机构中，都需要协调与沟通、角色分工与贡献、解决冲突与合作共赢等团队合作技能。

（二）增强实践经验

1.实际操作能力

首先，实践教育融合模式提供了学生实际应用知识的机会。这种教育模式强调将理论知识与实际情境相结合，使学生能够在实际操作中运用所学知识。这种实际应用不仅有助于学生更深入地理解和掌握知识，还能够增强他们的实际操作能力。例如，在商业管理课程中，学生可以参与模拟企业运营，将课堂理论应用于实际经营中，从而培养他们的管理和决策能力。

其次，实践教育融合模式注重技能培养与实践训练。学生不仅要理解理论知识，还需要通过实际操作和训练来掌握具体的操作方法和技能。这种技能培养有助于学生在特定领域或行业中具备实际操作能力。例如，在医学教育中，学生需要进行临床实习和手术操作培训，以提高他们在医疗实践中的实际操作技能。

再次，实践教育融合模式鼓励学生进行跨学科实践。这意味着学生需要在跨学科的实际情境中应用多学科的知识和技能，从而培养跨学科的实际操作能力。例如，在解决社会问题时，学生可能需要综合运用社会学、经济学、心理学等多个学科的知识，以制定综合性的解决方案。这种跨学科实践不仅有助于学生综合思考和解决问题，还提高了他们的综合素质和实际操作能力。

最后，实际操作能力的培养不仅有助于学生在职业领域中获得成功，还有助于他们更好地参与社会和解决复杂的社会问题。通过实际应用知识、技能培养与实践训练以及跨学科实践，学生能够在各个领域中具备实际操作的能力，为解决实际问题提供有力支持。这些实际操作能力使学生更具竞争力，能够在职场中脱颖而出，并在社会变革和可持续发展等重要问题上发挥积极作用。

2.问题解决能力

首先，实践教育融合模式通过引入实际问题的挑战，激发学生解决问题的动力和兴趣。这种模式要求学生在面对复杂的实际问题时，不仅需要运用所学知识，还需要运用创新思维和问题解决技能。实际问题通常具有多样性和复杂性，因此，学生需要分析问题的各个方面，收集和整理相关信息，制定解决方案，并在实际操作中执行这些方案。这一过程不仅锻炼了学生的问题解决能力，还提高了他们的决策能力和执行能力。

其次，实践教育融合模式注重批判性思维的培养。学生在解决实际问题时需要运用批判性思维，即能够评估不同解决方案的优缺点，分析问题的根本原因，识别可能的风险和挑战。这种思维方式有助于学生更全面地理解问题，并制定更有效的解决方案。例如，在公共政策领域，学生可能需要评估不同政策选项的社会影响、经济可行性和法律合规性，以确定最佳的政策建议。这种批判性思维能力不仅在学术研究中有用，也在职业生涯中具有重要价值。

最后，实践教育融合模式通过实践经验的累积，帮助学生不断提升问题解决能力。多次参与实际项目和活动使学生能够积累更多的实际经验，逐渐熟悉各种问题的处理方法，并更快速、准确地识别问题并找到解决方法。实践经验的累积还有助于学生建立自信，增强他们应对挑战的信心。同时，学生还可以从不同的实践经验中吸取教训，不断改进问题解决的方法和策略。

（三）培养社会责任感与领导能力

1.社会责任感

首先，实践教育融合模式通过将学生置于社会实践环境中，能够培养他们对社会问题的关注和社会责任感。这种教育模式鼓励学生积极参与社区服务、志愿活动以及与社会组织的合作项目。通过亲身参与社会实践，学生亲眼目睹社会问题的存在和影响，使他们更加关注社会的需求和挑战。例如，学生参与环保项目时，可以亲自见证环境污染的严重性，这会引发他们对环境保护的责任感，并促使他们主动采取行动。

其次，实践教育融合模式鼓励学生思考自己的行为和决策如何影响社会和他人。学生在实践中不仅学习如何解决问题，还学会了考虑社会影响因素。他们开始思考自己的价值观和行为对社会的贡献，以及如何在个人和职业生活中履行社会责任。这种意识的培养使学生更加注重社会利益，更有意愿参与社会改进和发展的过程。

再次，实践教育融合模式鼓励学生主动参与社会问题的解决。通过实际项目和社会服务活动，学生有机会为社会作出积极的贡献。这种参与不仅有助于解决实际问题，还增强了学生的社会责任感。例如，在教育领域，学生可以参与义务教育项目，为弱势群体提供教育支持，这种经历将深刻地影响他们的社会责任感和教育使命感。

最后，实践教育融合模式强调终身学习和社会参与的重要性。学生在实践中培养的社会责任感不仅仅是短期的，而是一种长期的承诺。他们认识到社会问题和需求在不断变化，因此愿意继续学习和参与，以适应社会的不断发展。这种终身学习和社会参与的观念使学生成为积极的社会公民，不断为社会进步和改善作出贡献。

2.领导能力

首先，实践教育融合模式为学生提供了担任领导角色的机会。在实际项目和活动中，学生有机会担任团队领导、项目经理或活动组织者等职位。这种领导机会使学生能够锻炼领导能力，学会协调、管理和指导团队成员，以达成共同的目标。例如，在社区服务项目中，学生可以担任项目负责人，领导团队完成社区改进项目，这种经历有助于培养他们的领导潜力。

其次，实践教育融合模式强调协调团队合作，这也是领导能力的一部分。学生需要学会与团队成员合作，协调各方的利益和需求，解决团队内部的问题，并推动项目的顺利进行。通过团队合作的经验，学生能够培养领导中的协作和沟通技能，这些技能在领导岗位上至关重要。例如，在商业项目中，学生需要协调市场营销团队、财务团队和生产团队，以确保产品的成功推出。

再次，实践教育融合模式强调领导不仅仅是指挥，还包括激励和指导团队成员。学生需要学会激发团队的积极性，鼓励他们充分发挥潜力，同时提供必要的指导和支持。这种领导方式有助于团队成员的个人发展和团队的整体表现。例如，在教育项目中，学生可以担任导师角色，指导其他学生进行学术研究或学科学习，这种经历可以培养他们的指导和激励能力。

最后，实践教育融合模式强调领导是一项持续的发展过程。学生通过参与多个实践项目和活动，不断积累领导经验，改进领导技能，并逐渐发展出自己的领导风格。这种发展过程使学生成为具备创新和变革能力的领导者，能够在不同领域和情境中取得成功。领导能力的培养不仅对学生个人的职业发展有益，还有助于他们在社会中发挥更大的影响力，推动社会变革和进步。

（四）深化对思想政治教育的理解和体验

1.亲身体验

首先，实践教育融合模式通过亲身体验，帮助学生更深入地理解思想政治教育内容。传统的课堂教学往往局限于书本知识的传授，而实践教育融合模式强调将理论知识与实际应用相结合。学生有机会亲身参与各种实际项目、社区活动或实验研究，这使他们能够将抽象的思想政治理论与具体的情境联系起来。

其次，实践教育融合模式鼓励学生将理论知识应用于实际情境中，从而加深对思想政治概念和原则的理解。学生需要运用所学的思想政治知识来解决实际问题，这要求他们深入思考如何将理论转化为实践。例如，在法律课程中，学生可以参与模拟法庭辩论，运用法律原则来解决真实案例，这有助于他们更好地理解法律体系和法治原则。

再次，实践教育融合模式通过亲身体验，使学生更容易将思想政治教育内容与个人生活和社会实践联系起来。学生在实践中能够直接感受到思想政治的影响，明白它是如何塑造社会和个人行为的。例如，在社会学课程中，学生可以进行社会调查和实地考察，了解不同社会群体的生活状况和社会问题，这将帮助他们更好地理解社会学理论和社会变迁的影响。

最后，实践教育融合模式通过亲身体验，激发学生的兴趣和参与度。学生更容易投入到实际项目和活动中，因为他们能够亲身体验到知识的应用和实际成果。这种参与度的提高有助于学生更深入地学习思想政治教育内容，并将其内化为自己的知识和技能。实际参与和体验也使学生更容易记住和应用所学的知识。因此，亲身体验在增强学生对思想政治教育内容的理解和应用方面具有重要的学术价值和教育意义。

2.实际案例分析

首先，实际案例分析为学生提供了将抽象的思想政治概念与实际情境联系起来的机会。思想政治教育通常涉及到伦理、道德、价值观等抽象概念，这些概念在具体的社会问题和案例中得以体现和应用。通过分析实际案例，学生可以将这些抽象概念与具体事件和情境联系起来，更容易理解它们在实际生活中的应用和价值。

其次，实际案例分析帮助学生发展批判性思考能力。学生需要分析案例中的事实、背景信息、决策和后果，评估不同的伦理和政治观点，并提出合理的论证和结论。这种思维过程培养了学生的分析和批判性思考技能，使他们能够更全面地理解复杂的思想政治问题。例如，在伦理学课程中，学生可以分析医疗伦理案例，如器官捐赠决策，通过权衡不同的伦理原则和后果，来提出道德决策的依据。

再次，实际案例分析鼓励学生将思想政治理论与实际问题联系起来，促进知识的应用和转化。学生不仅仅是被动接受思想政治知识，而是主动应用这些知识来解决实际挑战。这种主动性和实践性有助于将知识内化为实际技能和能力，使学生能够更好地应对未来的伦理和政治问题。例如，在公共政策课程中，学生可以分析政策制定过程中的道德决策，从而更好地理解政策制定的伦理基础。

最后，实际案例分析可以帮助学生将思想政治教育与实际职业和社会参与联系起来。通过分析与他们未来职业领域相关的案例，学生可以将伦理和政治原则应用于他们可能面临的情境。这种联系使思想政治教育更加实际和有用，为学生的职业和社会参与提供了重要的指导。例如，法学院的学生可以通过案例分析来探讨法律伦理问题，为将来的法律实践做好准备。

（五）培养自主学习和批判思考能力

1.自主学习

首先，实践教育融合模式鼓励学生成为自主学习者。在这种模式下，学生被视为知识的主动获取者和创造者，他们被激励去主动探索、提问和解决问题。这一过程不仅仅是课堂上的知识传授，还包括实际项目、实验研究、社会参与等多种学习方式。例如，在科学课程中，学生可以选择自己感兴趣的研究课题，并通过实验和调查来积极参与知识的构建。

其次，实践教育融合模式注重培养学生的问题解决和创新能力。学生需要面对各种复杂的实际问题，从而激发他们的求知欲望和解决问题的动力。通过主动探索和解决问题，学生能够培养独立思考、创新思维和解决复杂问题的能力。例如，在工程学课程中，学生可能需要设计和制造一个新的产品，这要求他们不仅要掌握相关知识，还需要自主学习和尝试新的解决方案。

再次，实践教育融合模式强调学生的自主选择和学习路径。学生被鼓励根据自己的兴趣和目标来选择学习内容和项目，从而提高了他们的学习动机和参与度。这种自主性的学习可以增强学生的自我管理和决策能力，使他们更好地应对未来的学习挑战。例如，在艺术和创意课程中，学生可以自主选择他们感兴趣的艺术领域，如绘画、音乐或戏剧，并制定自己的学习计划。

最后，实践教育融合模式通过提供反馈和评估机会，帮助学生自我监控和改进学习过程。学生不仅要主动参与学习，还需要反思和评估自己的学习成果和进展。这种反馈和自我评估有助于学生发展元认知和自我反思的能力，使他们能够更有效地管理自己的学习。例如，在语言学习课程中，学生可以定期进行口语表达练习，并通过录音和自我评估来提高语言技能。

2.批判思考

首先，实践教育融合模式在培养学生批判思考能力方面具有显著的价值。这一模式要求学生在实际项目、案例分析和社会参与中积极参与问题的解决，而不仅仅是被动接受知识。学生需要自主提出问题、分析信息、评估证据以及推导出解决方案。通过这一过程，他们培养了批判性思维的关键技能，包括逻辑推理、信息收集与评估、问题识别与解决等。这种综合性的思维能力对于他们在学术研究、职业生涯和社会参与中都具有重要的价值。

其次，实践教育融合模式强调学科知识的实际应用，使学生能够将抽象的理论与具体情境相结合，从而更深入地理解知识的意义和价值。学生不仅仅是学习理论知识，还要将其运用到实际问题中，这有助于他们将学科知识与实际应用相连接。例如，在经济学课程中，学生可以通过模拟市场情境来理解供需关系和价格形成，这种实际应用帮助他们更好地理解和记忆课程中的经济概念。

再次，实践教育融合模式通过案例研究和项目实践，培养学生的问题识别和解决能力。学生需要分析实际案例，识别问题的关键因素，分析影响因素，提出解决方案，并评估可行性。这种问题解决过程不仅仅是知识的应用，还涉及到判断和决策的层面，培养了学生的判断力和决策能力。例如，在法学课程中，学生可能需要分析法律案例，找出法律争议的核心问题，并提出法律建议。

最后，实践教育融合模式通过引入实际问题和社会挑战，培养学生的社会责任感。学生不仅要考虑问题的理论层面，还要思考问题对社会的影响和潜在解决方案对社会的贡献。这种社会责任感有助于学生将批判思考与社会伦理联系起来，使他们更有意识地思考自己的行为和决策对社会的影响。例如，在环境科学课程中，学生需要分析环境问题的根本原因，并提出可持续的解决方案，这促使他们思考环境保护的伦理和社会责任。

第二节　社会实践与思想政治教育融合的实践研究

一、教育理论基础与社会实践活动的关系

在现代教育理论中，教育被认为不仅仅是传递知识，更是培养公民素质和社会责任感

的过程。社会实践活动作为一种实际行动，能够深化学生对社会问题的理解，促使其积极参与并提升其社会责任感。自 20 世纪末以来，教育理论逐渐强调培养学生的批判思维、创新能力和社会参与精神，社会实践活动被视为一种重要的教育手段。

（一）教育本质的演变

教育本质的演变是教育领域的重要议题，随着社会、文化和技术的不断发展，教育理念和目标也在不断变化。本部分将深入探讨传统教育观与综合素质培养之间的演变过程，以及这种演变在教育实践中的体现。

1. 传统教育观与知识传递

（1）传统教育的特征与目标

传统教育观强调知识传递和学科技能培养，教育被视为将经典知识传授给学生的过程。教师主要扮演着知识的传授者和权威人物的角色，而学生则是被动的接受者。

传统教育目标主要集中在学生的认知层面，即培养学生的知识储备、思维能力和学科技能。学生的学习成果以考试成绩和知识掌握程度为主要评价指标。

（2）传统教育的限制与反思

传统教育注重理论知识的传递，但缺乏实践与应用环节。学生在被动接受知识的过程中难以培养创新能力、问题解决能力和实际应用能力。

传统教育往往忽视学生的个体差异，过于强调标准化的知识传递和考试评价，导致学生的兴趣和潜能无法得到充分发展。

2. 教育目标的拓展与综合素质培养

（1）教育目标的新定位

随着社会变革和人才需求的变化，教育目标逐渐拓展至综合素质的培养。除了传授知识外，教育开始注重学生的情感态度、道德品质和社会责任感等综合素质。

新时代教育强调培养学生的全面发展，关注学生的智育、体育、美育和劳动教育等各个方面。教育被赋予了更广泛的人格塑造和社会参与使命。

（2）综合素质培养的实践策略

新的教育理念鼓励将知识与实际问题相结合，通过实践教学方法培养学生的实际操作能力和解决问题的能力。学生在实践中能够更好地将理论知识应用于实际情境。

为了促进学生的综合素质培养，跨学科和综合性课程得到广泛推广。这些课程将不同学科的知识融合在一起，培养学生的综合思维和问题解决能力。

3. 教育本质的演变对实践的影响

（1）学校教育的变革

随着教育理念的演变，学校教育逐渐从以教师为中心的教学模式转向以学生为中心的教学模式。学生在教育中的地位得到提升，强调个性化发展和自主学习。

传统的考试评价逐渐被多元化的评价方式取代，学生的综合素质和实际能力得以更全面的评价。学生的社会责任感、创新能力和团队合作能力成为评价的重要指标。

（2）教育实践的丰富性

社会实践活动作为培养学生综合素质的有效手段得到广泛推广。学校积极组织学生参与社区服务、实地考察等活动，让学生亲身体验社会问题，培养社会责任感。

教育本质的演变也影响了课程设置。学校逐渐引入关注学生全面发展和社会责任的课程内容，例如公民教育、创新思维培养等课程，以培养学生的社会责任感、创新能力和批判思维为重点。这些课程的引入丰富了学生的知识结构，提升了他们的社会参与能力。

（3）政府支持的加强

教育本质的演变也影响了政府的支持，政府在教育政策制定上不仅关注学生综合素质的培养，还鼓励学校和教育机构积极开展实践活动、拓展课程设置，为学生实践提供更多资源和支持。学生的实践场所和实践条件得到有力保障。

（二）社会实践活动的崭新视角

社会实践活动的崭新视角体现了教育理论的演进和社会需求的变化。本部分将深入探讨实践转向与社会参与，以及综合素质培养的角度，展示社会实践活动在教育中的新视角和价值。

1.实践转向与社会参与

（1）实际行动与知识应用

社会实践活动在教育中的崭新视角在于将知识应用于实际行动。学生不仅仅是被动接受知识，还需要在实践中运用所学知识来解决现实问题。这种实际应用不仅加深了对知识的理解，还提升了学生的问题解决能力。

传统教育常常存在理论与实践之间的鸿沟，学生难以将所学知识与实际情境联系起来。社会实践活动通过让学生亲身参与社会，跨越了这一鸿沟，使知识在实际中得到验证和应用。

（2）社会参与公民意识

社会实践活动鼓励学生积极参与社会事务，使他们更加关注社会问题并主动投入解决方案的探讨。学生从被动的观察者转变为积极的参与者，培养了他们的社会参与意识。

社会参与不仅仅是个人的行为，更是培养学生成为有责任感的公民的一种途径。通过社会实践活动，学生不仅认识到自己作为个体的权利，还意识到自己作为社会成员的责任。

（3）实践经验与全面发展

社会实践活动为学生提供了丰富的实践经验，帮助他们在实际操作中积累经验、感知问题，从而更好地将知识转化为能力。

传统教育主要关注学科知识，而社会实践活动关注的是学生的综合素质。通过实际行动，学生在实践中培养批判思维、创新能力、团队合作等综合素质，为其全面发展奠定基础。

2.综合素质培养的有力工具

首先，社会实践活动作为综合素质培养的有力工具，通过亲身体验社会问题，帮助学生建立情感共鸣。当学生亲自参与社会实践并亲身感受到社会问题的影响时，往往会在情感上产生更深刻的体验。例如，在参与社区志愿者工作时，学生可能会亲眼目睹贫困家庭的生活状况，感受到他们所面临的困境。这种情感共鸣可以激发学生的同情心、共情能力和社会责任感。他们不仅仅是在课堂上理解社会问题的抽象知识，还能够深刻地感受到这些问题对个体和社会的实际影响。这种情感投入有助于培养学生的社会情感素质，使他们更有动力去解决社会问题。

其次，社会实践活动培养学生积极的社会态度。通过亲身参与社会活动，学生不仅了解了社会问题，还培养了积极的社会态度。他们逐渐从被动的知识接受者转变为积极的社会行动者。这种积极态度包括对社会问题的关注、对社会改变的愿望以及对社会参与的积极意愿。例如，在参与环保运动中，学生可能会更加关注环境问题，积极参与环保活动，提出环保建议，并努力推动环保政策的制定和执行。这种积极的社会态度对于培养学生的社会参与和公民意识非常重要。他们逐渐认识到自己作为公民的责任，愿意为社会问题的改善贡献自己的力量。

再次，社会实践活动激发学生对社会问题积极参与和改变的愿望。当学生亲身参与社会活动并看到自己的行动可以产生积极影响时，他们会更有动力去积极参与社会变革。这种积极参与包括了解社会问题的根本原因，提出解决方案，与相关机构或社群合作，并亲自投身到社会改变的过程中。例如，在参与社会公益项目时，学生可能会发现自己的努力可以改善弱势群体的生活，这会激发他们深入参与社会改革的愿望。这种愿望不仅对学生个人的成长和发展有益，还对社会的进步和发展具有积极作用。

最后，社会实践活动帮助学生建立跨学科的综合素质。在社会实践中，学生可能需要运用多学科的知识和技能来解决复杂的社会问题。例如，在社会创新项目中，学生可能需要结合经济学、社会学、心理学等多个学科的知识来分析问题并提出综合性的解决方案。这种跨学科的综合素质培养有助于学生更好地理解问题的复杂性，提高问题解决能力，并在未来的职业生涯中更好地应对复杂挑战。

二、思想政治教育的内涵与社会实践活动的融合

（一）思想政治教育的目标与社会实践活动的实现

思想政治教育旨在培养公民的政治觉悟、道德品质和社会责任感。社会实践活动为学生提供了直接参与社会实践、感受社会问题的机会，从而使他们更加深刻地理解和体验思想政治教育的内涵。通过参与社会实践，学生能够亲身体验社会现实，感知社会问题，从而在实践中逐渐形成正确的价值观和政治态度。

1.思想政治教育与社会实践活动的融合

首先，课程设计与实践结合。在教育机构的课程设计中，应注重将社会实践活动融入

教学计划。这可以通过在课程中安排实践环节来实现，让学生将所学理论知识应用于实际问题的解决。例如，在思政课程中，可以设计社会调研、政策分析等实践任务，让学生亲身体验思政理论在实际政策制定和社会变革中的应用。这种课程设计能够将抽象的政治思想与具体的社会问题相结合，提高学生的学习兴趣和实际应用能力。

其次，学校与社会资源的合作。学校应积极与社会资源进行合作，与社会机构、政府部门等建立伙伴关系，共同组织学生参与社会实践活动。例如，学校可以与社会组织合作，共同开展社区服务、环保行动等活动，为学生提供参与社会实践的机会。这种合作不仅能够丰富学生的实践经验，还有助于培养他们的社会责任感和公民意识。通过与社会资源的合作，学生可以更深入地了解社会问题，并积极参与解决方案的制定和实施。

再次，跨学科融合的实践课程。为了培养学生的综合素质，教育机构可以设计跨学科的实践课程，将思想政治教育与其他学科相结合。例如，在历史课程中可以探讨政治制度的演变，或在文化课程中讨论价值观的形成与变迁。这种跨学科融合的实践课程能够帮助学生从不同角度认识思想政治教育，理解其与社会、文化、历史等多个领域的关联性。通过这种综合性的学习，学生可以更全面地理解政治思想的重要性和影响。

最后，实践案例与教学材料。教育机构可以将社会实践活动的案例融入教学材料中，以增强学生对思政的理解和应用。通过引入真实的社会实践案例，学生可以更直观地了解社会问题，理解政治理论的实际应用和价值。这些案例可以作为教学的具体示例，帮助学生更深入地分析和讨论政治问题，培养他们的批判性思维和问题解决能力。

2.思想政治教育与社会实践活动的共同影响

首先，改变学生的认知和态度。社会实践活动对学生的认知和态度产生深远影响。通过实际参与社会问题的解决，学生更深刻地认识到社会问题的复杂性和紧迫性。他们不再将政治思想和社会问题仅仅视为抽象的理论，而是将其与实际情况联系起来，更加客观地分析和评估。这种认知变化有助于学生形成更加成熟和全面的世界观，更加关注社会问题的根本解决。

其次，增强政治参与和社会责任。社会实践活动培养了学生的政治参与意识和社会责任感。学生在实践中亲身感受到自己的行动可以产生积极的社会影响，因此更加愿意积极参与社会活动。他们逐渐认识到自己作为公民的责任和义务，愿意为社会问题的解决出一分力。这种积极参与有助于民主社会的建设和进步。

再次，培养批判思维和创新能力。社会实践活动鼓励学生在实际情境中思考问题，培养了他们的批判思维和创新能力。学生需要分析和解决社会问题，这要求他们具备批判性思维，能够理性评估各种解决方案的优缺点。同时，学生也需要寻求创新的方法来解决复杂问题，这有助于提升他们的创新意识和实践能力。这些能力在学生未来的职业和社会生活中具有重要价值。

最后，提升综合素质和人际交往能力。社会实践活动注重学生的综合素质培养，使他们在各个方面得到提升。学生不仅在学科知识上有所积累，还在情感态度、团队协作等方面得到提升。学生在实践中与不同背景的人交往，培养了跨文化交流和合作的能力。这种综合素质的提升有助于学生更好地适应复杂多变的社会环境，更好地实现个人和社会的双赢。

（二）社会实践活动的设计与思想政治教育的融入

在社会实践活动的设计中，可以有意识地融入思想政治教育的内容。例如，组织学生参与社区服务活动，通过实际行动体验公民责任。通过社会实践活动，学生能够更加深入地理解政治制度、法律法规等方面的知识，进而在实践中形成对思想政治教育的实际认识。

1.社区服务活动与公民责任

（1）社区环境调研与问题解决

首先，组织学生进行社区环境调研，了解社区的发展现状、存在的问题和需求。学生可以采用访谈（示例见附录一）、问卷调查（附录二）等方式收集信息，形成对社区状况的全面认知。

其次，在社区环境调研活动中融入思想政治教育是非常重要的。这可以通过引导学生从政治、法律、伦理等多个角度来分析社区问题的背后原因。例如，学生可以思考问题是否与政策的制定和执行有关，是否存在伦理道德上的问题，以及问题是否涉及社会公平与正义等方面。通过这种思考，学生能够更深刻地理解社会问题的复杂性，培养对社会问题的关注和公民责任感。

（2）社区志愿服务与社会参与

首先，社区志愿服务活动的设计需要精心策划，以确保学生能够真正体验到公益活动的意义和影响。活动可以包括环保清理、老人陪伴、义务教育等方面的志愿服务项目。关键在于确保活动的有组织性和有针对性，以满足社区的实际需求。此外，活动也应该充分考虑学生的特点和能力，确保他们能够积极参与并有所收获。

其次，在志愿服务活动中，思想政治教育的融入可以通过引导学生思考如何通过自己的努力改善社区环境来体现社会责任。学生可以从政治、法律、伦理等多个角度来思考问题，例如，他们可以考虑社区问题是否与政策的制定和推行有关，是否存在伦理和道德层面的问题。通过这种思考，学生能够更深刻地理解社会问题的多维性，并培养对社会的关切和参与精神。

2.社会实践活动的反思与思政教育的延伸

（1）活动反思与价值观形成

首先，在社会实践活动结束后，安排学生参与反思讨论。这个环节的目的是让学生有机会分享他们在活动中的体验、感悟和观察，倾听其他同学的看法，形成更深刻的理解。反思讨论可以采用小组讨论、座谈会或在线平台等多种形式，以鼓励学生积极参与和表达。

其次，在反思环节中，引导学生将他们的活动体验与政治教育内容相联系。学生可以思考自己在活动中所遇到的社会问题是否与政治、法律、伦理等方面的因素相关，以及他们的参与是否有助于改善问题所涉及的政策和制度。通过这种关联，学生可以形成更深刻的政治意识和社会责任感。

最后，反思环节还应该鼓励学生对社会价值观进行思考。学生可以考虑他们在活动中所体验到的社会问题对社会和个体的影响，以及他们在未来如何能够积极参与社会问题的解决。这种思考有助于培养学生的社会责任感和公民素质。

（2）活动成果与社会影响

首先，学生在完成社会实践活动后，应鼓励他们将活动成果进行展示。这可以通过多种方式实现，包括书面报告、演讲、影像制作、社交媒体发布等。通过展示，学生有机会总结整个活动的过程、自己的体会和收获。他们可以分享在活动中所积累的知识、技能和经验，反映自己在思想政治教育方面的成长。

其次，在成果展示中，应引导学生深入思考社会问题的深层次原因和可能的解决方案。学生可以通过展示向观众传达他们对社会问题的认识、分析和态度。这不仅有助于学生更深刻地理解问题，还能够促进社会影响的扩大。例如，学生可以提出解决问题的政策建议，呼吁社会更多地关注相关议题，从而在一定程度上推动社会变革。

3.社会实践活动和思想政治教育的互动

（1）专题讲座与深度解析

首先，邀请社会学家和相关学者前来讲座，就社会实践热点进行深度解析，帮助学生理清事物发生发展的逻辑，学会用科学的世界观和方法论去分析问题，不断提高思想政治修养。

其次，在专家讲座中，引导学生积极参与讨论，从社会学、经济学、伦理学、法律学多角度分析，与专家的交流中碰撞出思想的火花并达成共识。

（2）社会问题研究与实践

首先，组织学生选择一个社会问题，开展深入研究，分析问题的背景、原因和影响。学生在教师指导下学会使用多角度、跨学科等研究方法，形成综合分析报告。

其次，学生针对社会问题，形成可行性方案。通过调研、走访、实地考察等方式验证方案可行性。不断修订方案中完善，在具体社会实践中促进学生提高认知力、判断力和领导力，培养学生的社会责任感。

第三节　校园文化建设与思想政治教育融合的案例分析

一、校园文化建设的基本原则

校园文化建设作为高校教育的重要组成部分，需要遵循一系列基本原则，以确保其与思想政治教育的融合达到最佳效果。

（一）多元性与包容性

校园文化应当倡导多元性和包容性，尊重不同文化、价值观和信仰，创造一个宽松开放的环境。这有助于培养学生的跨文化交流能力，加深对思想政治多样性的理解。学校组织跨文化交流活动，如国际嘉年华，邀请国际学生和国内学生分享自己的文化、习惯和观点。通过互动交流，学生能够更好地理解和尊重不同背景下的思想政治观念，促进全球视野的培养。

1.多元性与包容性的重要性

多元性是指在一个社会或群体中存在多种不同的文化、信仰、价值观和背景。包容性是指尊重和接纳这些多样性，创造一个能够容纳不同个体的环境。在校园文化建设中，多元性和包容性是至关重要的，因为它们对于学生的成长和社会的发展都具有深远的影响。

（1）多元性的重要性

第一，丰富学习经验。学生在一个多元化的环境中可以接触到不同文化和思想，从而丰富了他们的学习经验。他们可以从同学和老师那里学到不同的观点和知识，这有助于他们更全面地理解世界。

第二，培养跨文化交流能力。学生在多元性的环境中学会了与不同背景的人相处，培养了跨文化交流的能力。这对于他们将来的职业发展和国际交往都非常重要。

第三，促进创新和创造力的提高。不同的文化和背景可以激发创新和创造力。学生在多元性的环境中有机会接触到各种各样的想法和观点，这有助于他们产生新的思考方式和解决问题的方法。

（2）包容性的重要性

第一，建立和谐社群。包容性校园文化可以帮助建立和谐的学校社群。学生感到自己被尊重和接纳，他们更愿意积极参与学校的各种活动，建立积极的人际关系。

第二，减少歧视和偏见。包容性校园文化有助于减少歧视和偏见的发生。学生在一个尊重多元性的环境中成长，他们更有可能对不同背景的人持开放、包容的态度，而不是基于偏见或歧视来评判他人。

第三，提高学术成绩。学生在一个包容性的环境中更容易集中精力学习，因为他们感到学校是一个安全和支持他们的地方。这有助于提高他们的学术成绩和学业表现。

2.跨文化交流周活动的实践与效果

（1）跨文化交流周的组织与目标设定

学校可以定期组织跨文化交流周活动，以促进不同背景学生之间的交流与互动。这一活动可以囊括各种形式，如讲座、展览、表演、研讨会等，旨在提供一个平台，让国际学生和国内学生可以分享自己的文化、习惯和观点。

跨文化交流周的活动策划需要充分考虑参与者的需求和兴趣，确保活动的多样性和吸引力。可以邀请国际学生代表分享自己的国家文化、风俗习惯，同时也可以组织国际美食节、文化展览等，让学生身临其境地感受不同文化的魅力。

（2）跨文化交流周的实际效果

通过跨文化交流周活动，学生可以在轻松愉快的氛围中与来自不同背景的同学互动交流，增进彼此之间的了解和友谊。这种互动不仅能够促进学生的跨文化交流能力，还能够深化他们对思想政治多样性的理解，培养他们的全球视野。

（二）共建共享与参与性

校园文化建设要倡导共建共享的理念，让学生参与其中，感受归属感。通过学生参与的方式，培养其对学校事务的责任感，进而拓展到对社会和国家的责任。学生组织文化节，鼓励各个院系和社团共同参与，展示不同文化、艺术形式和创新成果。学生不仅是观众，还可以参与策划和组织，体验共建共享的过程，从而培养集体主义精神和社会责任感。

1.共建共享与参与性的重要性

共建共享与参与性是一种基于共同体验和共同参与的校园文化理念。通过鼓励学生参与文化活动的策划、组织和实施，可以增强学生的主体性和创造性，培养他们对校园和社会事务的责任感，进而拓展到对国家和社会的责任。

共建共享与参与型的校园文化能够培养学生的社会参与意识和团队合作能力。学生通过参与文化活动的各个环节，不仅可以锻炼自己的组织和协调能力，还能够更好地理解集体利益的重要性，培养集体主义精神和社会责任感。

2.学生组织文化节的实践与效果

（1）文化节的策划与目标设定

学校可以定期组织文化节，为学生提供一个展示自己才华和创意的平台。这一活动可以涵盖各种文化、艺术形式和创新成果，旨在鼓励各个院系和社团共同参与，展示多样性和丰富性。

文化节的主题可以多样化，如多元文化交流、艺术创新、科技展示等。通过设置不同的活动环节，如展览、表演、讲座、比赛等，可以吸引不同层次和兴趣的学生参与，创造共建共享的校园文化氛围。

（2）学生参与文化节的体验与收获

通过学生参与文化节的策划和组织，他们能够亲身体验到共建共享的过程，感受到自己的付出和努力所带来的成就感和满足感。此外，学生还能够与不同背景的同学合作，提升团队协作和沟通能力。

学生可以在文化节中担任不同角色，如策划者、组织者、志愿者、演员等，从而发挥自己的特长和才能。他们可以通过创意的展示、精彩的表演等方式，为文化节增色添彩，同时也培养了自己的自信心和领导能力。

学校通过组织学生参与文化节等活动，让学生亲身体验共建共享的过程，感受到自己的付出所带来的成就感和满足感。这种实践不仅能够丰富学生的校园生活，还能够培养他们的领导能力和创新意识，为未来的社会和国家建设培养具有高度责任感和创造力的人才。共建共享与参与性在校园文化建设中的实践，为其他高校在提升学生综合素质和社会责任感方面提供了有益的借鉴和启示。

二、校园文化建设的目标

校园文化建设的目标之一是培养学生的综合素质，其中思想政治素质是重要的组成部分。

（一）思想政治教育的融入

校园文化建设旨在培养学生的全面素质，其中思想政治教育的融入具有重要意义。通过将思想政治教育与文化活动相结合，可以增强学生的政治觉悟和社会责任感，使他们在感受多元文化的同时，更好地理解社会问题和发展方向。

1.思想政治教育融入校园文化建设的重要性

在校园文化建设中，思想政治教育的融入具有极其重要的意义。这种融合不仅有助于学生的全面素质培养，还可以通过文化活动的形式增强学生的社会责任感，使他们在感受多元文化的同时更好地理解社会问题和发展方向。

（1）为何融入思想政治教育

第一，全面素质培养。校园文化建设旨在培养学生的全面素质，包括思想政治素质。通过将思想政治教育与文化活动相结合，可以使学生在多元文化的氛围中更深入地了解社会问题，提升社会责任感。

第二，引发思考与反思。文化活动可以引发学生对社会问题的思考和反思。在参与文化活动的过程中，学生可能会通过创作、表演或讨论来表达对社会问题的看法，这有助于他们更深刻地理解和体验思想政治教育的内涵。

第三，社会参与的预备。思想政治教育的一个重要目标是培养学生的社会参与意识。融入校园文化建设的思想政治教育可以为学生未来的社会参与和贡献做好准备，使他们更有能力解决复杂的社会问题。

（2）思想政治教育与校园文化的融合方式

第一，多元性和包容性的校园文化。多元性和包容性是思想政治教育的核心价值之一。校园文化建设应该倡导多元性和包容性，创造一个宽松开放的环境，让不同背景的学生都能够平等参与和表达自己的观点。这有助于培养学生的跨文化交流能力，加强社会成员之间的互相尊重和理解。

第二，文化活动中的思政主题。在校园文化建设中，可以设计文化活动以思想政治主题为基础，例如社会问题话剧比赛、社会议题的艺术创作等。这些活动可以引发学生对社会问题的关注，通过艺术和文化的表达形式来传达思想政治教育的内容。

第三，专题讲座和深度讨论。定期举办专题讲座，邀请政治学者和社会学家等专业人士，就相关政治议题进行深度解析。讲座后组织学生进行深入讨论，引导他们从政治学、伦理学、法律学等多个角度分析议题，从而深化政治认知。

2. 活动设计与实践：社会问题话剧比赛

社会问题话剧比赛是一种将戏剧表演与社会问题相结合的活动形式，具体设计和实践如下：

第一，社会问题话剧比赛的设计目标是通过戏剧表演，让学生深入了解社会问题的背景、原因和影响，同时思考可能的解决方案。这一活动旨在培养学生的政治觉悟、道德品质和社会责任感。

第二，社会问题话剧比赛的过程中，学生需要进行调研和研究，分析问题的背景和原因，思考角色的心理和行为，进而表现在戏剧舞台上。这一过程能够促使他们更加深刻地理解和体验思想政治教育的内涵。

第三，在参与社会问题话剧比赛中，学生不仅要表演角色，还需要深入理解角色所面临的社会问题。这促使他们从不同的角度思考问题，分析其复杂性，培养批判思维和分析能力。

3. 实践效果与启示

社会问题话剧比赛等活动的实践效果包括：

第一，思想政治教育的深化。学生通过社会问题话剧比赛更深入地思考社会问题，增强社会责任感。他们不仅获得知识和技能，还培养了批判性思维和创新能力。

第二，对社会问题的更深刻认识：参与者在活动中深刻理解了社会问题的本质和复杂性，从而对社会和政治问题产生了更加深刻的认识。他们能够从多个角度思考问题，提出有建设性的观点和解决方案。

第三，综合素质的提升。社会问题话剧比赛培养了学生的综合素质，包括演技、团队协作、批判思维等方面。这些素质对学生未来的发展和社会参与都具有重要价值。

第四，积极的思想政治教育体验。参与者表示通过创作和表演社会问题话剧，更加深入地体验了思想政治教育，对政治问题的理解变得更为丰富和立体。

社会问题话剧比赛等活动是思想政治教育融入校园文化建设的有益尝试，为学生提供了在艺术创作和表演中更深入思考社会问题的机会，从而增强其政治觉悟和社会责任感。这类活动不仅传达了思想政治教育的内容，还培养了学生的综合素质，为其未来的社会参与和贡献奠定了基础。

（二）学生参与和主体性

校园文化建设要强调学生的参与和主体性，鼓励学生在文化活动中发挥主动性和创造性，同时引导他们在参与中培养积极的思想政治态度。

1. 学生参与和主体性的重要性

学生参与和主体性是校园文化建设的核心，能够强化学生的自我管理和自我创新能力，培养他们的社会责任感和集体主义精神。通过参与文化活动，学生不仅能够锻炼自己，还能够为校园文化的多样性和活力作出贡献。

学生的主体性体现在他们在文化活动中的积极参与和创造性发挥。在参与社会公益志愿者团队等活动时，学生需要主动组织和参与，体验社会问题，从而培养自己的社会责任感和对社会问题的关注。

2.活动设计与实践：社会公益志愿者团队

（1）活动设计与目标设定

学校可以鼓励学生组织社会公益志愿者团队，参与社区服务、环保行动等。通过志愿者团队的组织和参与，学生可以体验社会问题，培养社会责任感，同时锻炼自己的组织和领导能力。

志愿者团队可以参与社区服务、环保行动、扶贫助困等多种活动。例如，组织社区义工活动，参与环境保护行动，为贫困地区提供帮助，从而让学生深入了解社会问题，增强社会责任感。

（2）学生参与体验

通过参与志愿者团队的活动，学生可以亲身体验社会问题，感受到自己的努力对社会的积极影响。他们在参与中不仅能够培养社会责任感，还可以锻炼自己的组织、领导和沟通能力，提升自身素质。

志愿者团队的参与能够促使学生从被动的接受者变为积极的参与者和组织者。他们需要思考如何更好地服务社区、解决问题，从而培养自己的创新能力和领导能力，为未来的社会参与和领导做好准备。

3.实践效果与启示

通过学生参与社会公益志愿者团队等活动，他们能够亲身体验社会问题，培养社会责任感和主动参与的意识。学生在组织和参与志愿者活动的过程中，不仅获得了实际的技能和知识，还培养了与他人合作、领导团队的能力，使其在实践中逐渐形成积极的思想政治态度。

参与社会公益志愿者团队的学生在活动中接触到社会问题，从而更加深刻地认识到社会的多元性和复杂性。他们的思想政治态度逐渐从单一的视角扩展为更加全面、包容的视野，意识到解决问题需要社会各界的共同努力。

二、校园文化对于学生思想政治素质的渗透案例

（一）活动案例：公益音乐会

校园文化建设不仅是学校生活的一部分，更是思想政治教育的重要载体。通过融合校园文化与思想政治教育，学校可以通过丰富多彩的文化活动，引导学生深入思考社会问题、伦理道德等议题，从而提升他们的思想政治素质。以公益音乐会为例，探讨校园文化与思想政治教育的融合方式。

1.活动设计与目标设定

公益音乐会是一种将音乐艺术与公益事业相结合的活动形式。通过举办公益音乐会，可以邀请音乐家和学生参与演出，为慈善机构筹集资金，同时通过音乐会的宣传展板，引

导观众关注慈善事业和社会问题，激发他们思考社会责任与公益行动。

在公益音乐会上，可以选择特定的社会问题主题，通过音乐作品和演出内容展现这些社会议题。演出之间可以设置宣传展板，介绍相关的社会问题和慈善机构，引导观众深入了解，并激发他们参与公益行动的意愿。

2.学生参与体验

学生可以通过参与公益音乐会的筹备和组织，深入了解社会问题和公益事业。他们可以从音乐会的企划、宣传、演出等多个环节中获得实际经验，培养组织能力和团队合作意识，同时加深对社会问题的认知。

观众在参与公益音乐会的过程中，不仅可以欣赏音乐表演，还可以通过宣传展板的信息了解社会问题的现状和需求。音乐会为观众提供了思考和反思的机会，激发他们对社会责任和公益行动的关注，从而增强他们的思想政治素质。

3.实践效果与启示

通过公益音乐会等活动，校园文化得以与思想政治教育相融合，使学生在欣赏音乐的同时，深入了解社会问题和伦理道德议题。学生通过参与音乐会的筹备和演出，培养了自己的组织能力、团队合作意识和社会责任感。

观众在公益音乐会中通过音乐与社会问题的结合，感受到了音乐艺术的力量，同时也对社会问题产生了更深刻的认识。音乐会为观众提供了一个思考社会责任和公益行动的平台，激发了他们的积极参与意愿。

通过将校园文化与思想政治教育融合在一起，学校可以通过文化活动传递社会价值观念和道德理念，引导学生深入思考社会问题和伦理道德议题，从而提升他们的思想政治素质。公益音乐会作为一种融合方式，不仅能够提供音乐艺术的享受，还能够引导观众关注社会问题和慈善事业，促进他们的思想政治觉悟的提高。

（二）活动案例：校园微电影比赛

校园文化不仅是表面的娱乐和娱乐，更应该在细节中渗透思想引领，引导学生树立正确的价值观和政治观念。组织校园微电影比赛，要求参赛作品关注社会问题，反映现实生活。作品在表达艺术的同时，也要有深刻的思想内涵，引导观众反思社会问题并思考解决之道。

1.校园微电影比赛的意义

校园微电影比赛是一种结合影视艺术与思想引导的活动，通过电影表达形式，将社会问题和价值观念融入其中。比赛可以激发学生创造力，培养他们的思考能力，引导他们关注社会问题，从而在享受艺术的同时，获得思想政治教育的启示。

影视艺术作为一种生动的表现形式，具有引发观众情感共鸣和深刻思考的能力。校园微电影比赛将社会问题融入电影创作中，通过情节、人物、对白等元素，引导观众深入思考，从而提升他们的思想政治素质。

2.活动设计与实践：校园微电影比赛

（1）活动目标与规则设定

校园微电影比赛旨在鼓励学生通过电影表达形式，关注社会问题，反映现实生活，传递正确的价值观念和政治观念。比赛可以设定一系列规则，如作品时长、主题要求、创作形式等，以保证参赛作品的质量和内容符合活动的宗旨。

比赛主题应当关注社会问题，引导学生关注现实生活中的议题。例如，主题可以涵盖环保、社会公益、青少年成长等方面，从不同角度探讨社会问题，引导学生对问题的多维度思考。

（2）参赛作品创作与呈现

参赛作品要求在表达艺术的同时，融入深刻的思想内涵。学生可以选择故事情节、人物形象等元素，将社会问题巧妙融入其中，通过情感共鸣引发观众的思考和反思。作品可以通过影像、音乐、对白等手段，传递价值观念和政治观点。

观众在欣赏校园微电影时，不仅可以享受影视艺术带来的情感体验，还可以通过作品中的社会问题，引发对现实生活的反思。活动可以设置座谈会、讨论环节等，促使观众与参赛学生互动交流，加深对社会问题的认识和思考。

3.实践效果与启示

（1）校园微电影比赛的实践效果

通过校园微电影比赛，学生在创作过程中深入思考社会问题，通过影视艺术的表现形式，将思想政治教育与艺术创作相结合。参赛作品能够引发观众的情感共鸣和思考，提升他们的思想政治素质。

（2）观众的价值觉醒

观众在观看校园微电影作品时，通过影片中的情节和人物形象，深入思考社会问题和价值观念。影片不仅提供了娱乐，更重要的是引发观众的价值觉醒和社会责任感，促使他们反思现实问题。

校园微电影比赛作为一种融合方式，将影视艺术与思想政治教育有机结合，通过电影表达形式引导学生关注社会问题，传递正确的价值观念。比赛不仅激发了学生的创造力和思考能力，也提升了观众的思想政治素质。校园微电影比赛的成功案例为其他高校在校园文化与思想政治教育融合方面提供了有益的启示和借鉴。

（三）活动案例：校园辩论赛

校园文化建设可以为学生提供民主参与的平台，促使他们在文化活动中发表自己的观点和看法，培养政治参与意识和表达能力。举办校园辩论赛，邀请学生就社会热点问题展开辩论。在辩论中，学生需要深入研究问题、分析利弊，以逻辑和论据支持自己的观点，培养批判思维和言辞表达能力。

1.活动设计与目标设定

校园文化建设旨在为学生提供多样化的参与平台，其中包括了民主参与的机会。举办校园辩论赛是一种具有活跃氛围、促进思辨能力的方式，能够培养学生的政治参与意识、表达能力以及批判思维。

（1）辩论主题的选择与意义

在校园辩论赛中，可以选择当前社会热点问题作为辩题，如人工智能发展、环境保护、社会公平等。这些问题紧密关联着社会现实，通过辩论能够引导学生深入研究、思考并表达自己的观点，从而增强他们对社会议题的敏感性。

（2）辩论规则与参与方式

辩论赛可以根据参与者的层次和经验设置不同的规则和形式，如三人辩论、团队辩论等。学生可以通过提前准备辩题、阐述观点、互相辩驳等环节，锻炼自己的逻辑思维和言辞表达能力。

（3）辩论赛的评价与奖励机制

为了激发学生的积极性，可以设置评委对辩论赛进行评分，评估参赛者的论据、逻辑、表达等方面。辩论赛的优胜者可以获得奖励，如荣誉证书、奖金或实践机会，鼓励更多学生积极参与，从而推动校园文化建设与思想政治教育的融合。

2.参赛学生的收获与体验

参与校园辩论赛的学生可以从多个方面获益。首先，他们需要对辩题进行深入研究，积累丰富的知识和信息，培养批判思维和综合分析能力。其次，通过言辞表达和辩驳，他们能够提升自己的口头表达能力、逻辑思维和自信心。此外，参与辩论还能培养学生团队合作精神，因为团队成员需要协调合作，共同为辩题进行论证。

（1）批判思维与逻辑思维能力的培养

在校园辩论赛中，学生需要深入研究和分析问题，寻找有效的论据来支持自己的观点。这种思辨过程培养了他们的批判思维和逻辑思维能力，使他们能够更加客观、理性地看待问题。

（2）言辞表达能力与自信心的提升

参与辩论赛需要学生在一定时间内清晰地陈述自己的观点，并在辩驳时有条不紊地回应对方的观点。这种言辞表达锻炼了他们的口头表达能力，同时也增强了自信心，使他们能够在公开场合自信地陈述自己的见解。

3.实践效果与启示

（1）校园辩论赛的实践效果

校园辩论赛作为一种融合方式，能够激发学生的思辨能力和政治参与意识。参赛学生通过深入研究和讨论社会问题，提升了批判思维、逻辑思维和言辞表达能力，同时培养了团队合作精神。

（2）观众的参与思考

观众在校园辩论赛中不仅可以欣赏学生的表现，还能够从辩论中获得启发，思考社会问题，增强思想政治素质。辩论赛为观众提供了一个思辨的平台，促使他们深入思考不同观点之间的辩证关系。

通过深入研究社会问题、运用逻辑辩证思维、展示自信的言辞表达能力，参赛学生不仅提升了自身素质，也为观众提供了一个思考社会问题的契机。校园辩论赛在校园文化建设与思想政治教育融合中起到了重要的推动作用，为培养具有思辨能力、逻辑思维和表达能力的学生，培养具有社会责任感和参与精神的综合素质学生，提供了一个有益的平台。通过校园辩论赛，学校能够在校园文化建设中融入思想政治教育的要素，引导学生积极参与社会议题的讨论与思考。

（四）活动案例：公益剧场演出

校园文化活动可以通过情感体验引发学生的情感共鸣，使他们更深刻地体会到思想政治教育的内涵和重要性。举办公益剧场演出，呈现社会问题和人物命运的故事，引发观众的情感共鸣。观众在情感体验中，能够更加深刻地感受到社会问题的紧迫性，激发关注和参与的欲望。

1. 活动设计与实施

公益剧场演出作为校园文化活动的一种形式，通过情感体验引发学生的情感共鸣，进而深化他们对思想政治教育的认识。在举办公益剧场演出时，可以从剧本选择、演员表演、舞台布置等多个方面进行精心设计，以达到最佳的效果。

（1）剧本选择与社会问题关联

在选择剧本时，可以挑选与当前社会问题密切相关的题材，如环保、贫困、青少年成长等。通过剧场演出，将社会问题融入剧情，使观众能够通过角色的命运和情感体验，更加深刻地认识到社会问题的现实性和重要性。

（2）演员表演与情感共鸣

演员的表演是公益剧场演出的核心。他们需要通过生动的表演，将角色的情感和命运传递给观众，引发观众的情感共鸣。演员可以通过细腻的表情、动作和台词，让观众更好地融入剧情，从而更深刻地感受到社会问题所带来的情感震撼。

（3）舞台布置与氛围营造

舞台布置也是公益剧场演出的重要部分。通过设计合适的舞台布景、道具等，可以增强剧场演出的视觉效果，营造出适合情感共鸣的氛围。舞台上的布置可以与剧情相呼应，进一步加深观众对社会问题的感受和思考。

（4）后续讨论与参与

在剧场演出结束后，可以安排相关的讨论环节，引导观众对剧情和社会问题展开深入讨论。观众可以分享自己的感受和观点，交流对社会问题的理解和看法。此外，还可以提供参与社会问题解决的途径，鼓励观众积极参与公益活动，增强社会责任感。

（5）社会影响与感受体验

公益剧场演出不仅在情感共鸣上产生积极影响，还能够引发观众的思考和行动。通过情感体验，观众更容易对社会问题产生共鸣，激发关注和参与的欲望。观众在情感体验中深刻体验到社会问题的紧迫性，从而可能更愿意投身于解决社会问题的行动中。

2.实践效果与启示

（1）公益剧场演出的实践效果

公益剧场演出通过情感共鸣，使观众更深刻地体验到社会问题的现实性和紧迫性。观众在情感体验中更容易产生共鸣，进而可能会产生关注和参与社会问题解决的积极欲望。这种情感共鸣作用可以在短时间内引发观众的思考和情感反应，有助于增强观众的思想政治素质。

（2）观众的思考与行动

在情感共鸣的影响下，观众更可能对社会问题产生深刻的思考。剧场演出后的讨论环节可以引导观众进一步思考剧中涉及的社会问题，从而加深他们对问题的认识和理解。此外，通过提供参与公益活动的途径，可以鼓励观众积极投身于社会问题的解决之中。

公益剧场演出作为一种校园文化活动形式，通过情感体验引发学生的情感共鸣，使他们更深刻地体验到思想政治教育的内涵和重要性。在剧场演出中，剧本选择、演员表演、舞台布置等方面的设计都起到了关键作用。通过情感共鸣，观众更容易对社会问题产生共鸣，进而可能会产生关注和参与社会问题解决的积极欲望。公益剧场演出在校园文化建设与思想政治教育融合中具有重要作用，可以激发学生的思考和行动，增强他们的社会责任感和参与意识。

（五）活动案例：社会议题沙龙

校园文化建设可以通过互动和讨论的方式，引导学生深入思考社会问题，促使他们形成独立的政治判断和观点。定期举办社会议题沙龙，邀请专家学者和学生就热点问题进行讨论。学生在互动中可以听取不同意见，进行思想碰撞，逐步形成自己的独立见解。

1.活动设计与实施

社会议题沙龙是一种以互动和讨论为主要形式的校园文化活动，旨在引导学生深入思考社会问题，培养他们的独立政治判断和观点。在设计和实施活动时，需要考虑多个方面的因素，以确保活动的顺利开展和达到预期的效果。

（1）议题选择与热点问题关联

在选择讨论议题时，可以关注当前社会热点问题。这些议题通常与学生的日常生活和社会关切密切相关，能够引发学生的浓厚兴趣。通过选择与热点问题相关的议题，可以激发学生的参与和思考。

（2）专家学者与学生互动

邀请专家学者参与社会议题沙龙，能够为学生提供权威的观点和深入的分析。专家学者可以就议题背景、发展趋势等方面进行讲解，为学生提供更多的信息和思考角度。同时，学生也可以通过提问和互动，与专家学者进行深入交流，拓宽自己的视野。

（3）学生讨论与观点碰撞

在社会议题沙龙中，学生是主要的参与者和讨论者。他们可以就议题进行自由的讨论，分享自己的观点和看法。通过与同学的交流，学生可以听取不同意见，进行思想碰撞，逐步完善和调整自己的政治判断。这种多元化的讨论环境有助于培养学生的思辨能力和批判思维。

（4）后续思考与行动呼吁

在社会议题沙龙结束后，可以鼓励学生继续进行思考和深入研究，拓展自己对议题的理解。同时，还可以呼吁学生将思考转化为行动，参与到解决社会问题的实际活动中。提供参与社会组织、志愿活动等途径，引导学生积极投身于社会事务。

2.实践效果与启示

（1）社会议题沙龙的实践效果

社会议题沙龙通过互动和讨论的方式，使学生深入思考社会问题，形成独立的判断和观点。学生在活动中可以听取不同意见，进行思想碰撞，逐步形成自己对社会问题的独立见解。这种互动讨论的过程有助于培养学生的批判思维和逻辑思维能力。

（2）观点多元化与思维碰撞

社会议题沙龙提供了一个多元化的讨论平台，学生可以分享不同的观点和看法。通过与他人的交流，学生可以从不同角度审视问题，深化对议题的理解。在交流和讨论中，学生的思维受到挑战和碰撞，从而促使他们更加深入地思考和反思。

社会议题沙龙作为一种校园文化活动形式，通过互动和讨论的方式，引导学生深入思考社会问题，培养他们的独立判断和观点。在社会议题沙龙中，选择热点问题、邀请专家学者、学生讨论与观点碰撞等环节都起到了关键作用。通过多元化的讨论环境，学生能够充分发展批判思维和逻辑思维，逐步形成对政治问题的独立见解。社会议题沙龙在校园文化建设与思想政治教育融合中具有重要作用，能够培养学生的思辨能力和参与意识，提升他们的综合素质。

通过创造多元包容的文化环境、引领思想观念、提供民主参与平台以及激发情感体验，学生的思想政治素质得以渗透和提升。这种融合不仅为学生提供了全面的教育体验，还培养了他们的社会责任感、批判思维和政治参与意识，使他们成为具有高度社会责任感和公民素质的新一代人才。这种校园文化建设与思想政治教育融合的案例实践，为其他高校在培养学生的思想政治素质方面提供了有益的借鉴和启示。

第五章　德育教育融合模式在思想政治教育中的应用

第一节　德育教育融合模式的基本特点与作用

一、德育教育融合模式的理念与特征

（一）德育教育融合模式的概念

德育教育融合模式是一种综合性的教育模式，旨在将德育与教育有机地结合，以促进学生全面发展和良好的品德培养。这一模式强调在教育过程中，不仅关注知识传递和认知发展，更注重培养学生的道德情感、社会责任感和价值观念。通过将德育融入思想政治教育中，旨在培养具有良好德性和社会公民素质的个体。

（二）德育教育融合模式的特征

德育教育融合模式的特征包括以下几个方面：

1. 综合性教育

德育教育融合模式强调德育与教育的综合性。它将道德教育贯穿于学科教育之中，使学生在获取知识的同时，培养道德品质和价值观念。综合性教育帮助学生形成全面的人格，不仅具备专业知识，还具有良好的道德素养。

2. 实践性培养

德育教育融合模式强调实践性培养。学生通过参与社会实践、公益活动等实际行动，将道德观念转化为行为实践，从而培养社会责任感和实际行动能力。实践性培养帮助学生在实际中体验和践行道德原则。

3. 个性化发展

德育教育融合模式注重个性化发展。它充分考虑学生的个体差异和发展需求，在培养道德品质和价值观念时，采取因材施教的方式，引导学生根据自身情况进行自我调适和发展。

4. 价值观引领

德育教育融合模式强调通过价值观引领学生的行为和选择。它致力于培养学生正确的道德判断和决策能力，引导他们在面对道德困境和价值抉择时，能够作出积极、负责任的选择。

二、德育在思想政治教育中的重要作用与价值

德育在思想政治教育中具有重要作用与价值，主要体现在以下几个方面：

（一）价值观培养与品德塑造

德育在思想政治教育中的重要作用之一是价值观培养与品德塑造。通过德育教育融合模式，学生不仅仅是知识的接收者，更是价值观念的塑造者。在思想政治教育过程中，德育引导学生积极主动地思考道德和伦理问题，使他们逐渐形成正确的价值观念。通过亲身参与社会实践活动，学生能够更加深刻地认识到什么是正确的、积极的价值取向，从而在日常生活中形成具有社会责任感和道德担当的行为习惯。

1. 价值观形成的过程

在德育教育融合模式中，学生通过情感共鸣、情感体验等方式，与社会问题产生情感共鸣，进而引发对价值观念的深入思考。例如，参与公益活动可以让学生体验到帮助他人的快乐，从而形成关爱他人、乐于助人的价值观。同时，通过角色扮演等活动，学生可以在虚拟情境中体验不同的价值选择，进一步培养价值判断和决策能力。通过这些过程，学生逐步形成符合社会要求和道德规范的价值观念。

2. 品德塑造与社会角色认同

德育教育融合模式通过品德塑造，帮助学生形成积极向上的人格特质和行为模式。在思想政治教育中，学生在面对各种社会问题和道德困境时，能够凭借培养的良好品德作出积极、负责任的选择。例如，参与社区环境调研和问题解决活动，学生不仅能够了解社会问题，还能通过实际行动积极参与解决，培养了责任感和公民素质。这些品德塑造不仅对个体的发展有益，也为学生今后担任社会角色提供了良好的基础，使他们能够更好地履行社会责任，为社会的进步和发展作出贡献。

（二）社会责任感与公民素质培养

德育在思想政治教育中的另一个重要作用是培养学生的社会责任感和公民素质。德育教育融合模式通过让学生参与实际社会问题的解决，使他们深入了解社会现实，感受社会问题的紧迫性，从而增强对社会的关注和参与。在这一过程中，学生不仅能够从理论上认识社会问题，更能够亲身体验社会问题，通过实际行动为解决问题贡献力量。例如，在社会公益志愿者团队中，学生可以参与社区服务、环保行动等，通过实际行动培养社会责任感，并学会从个体的角度考虑社会整体的利益。这种培养方式有助于学生形成积极向上的社会态度和公民素质，使他们能够更好地适应社会环境，为社会的可持续发展作出贡献。

（三）自我认知与人际关系发展

德育在思想政治教育中还在自我认知与人际关系发展方面具有重要作用。德育教育融合模式通过鼓励学生进行自我反思和认知，帮助他们更好地认识自己的优势、劣势、兴趣和价值观。通过这种自我认知的过程，学生能够更清楚地明确自己的定位和目标，从而更有针对性地发展自己的个性和能力。

1. 自我认知与自信心培养

在德育教育融合模式中，学生通过各种活动和实践，不断了解和认知自己。例如，在公益剧场演出中，学生可以通过扮演不同的角色来感受不同的情感和价值观，从而更深刻地认识自己内心的想法和情感。通过这样的体验，学生可以逐渐培养健康的自尊心和自信心，更有信心地去面对自己和社会的各种挑战。

2. 人际关系发展与合作意识培养

德育教育融合模式也在人际关系发展和合作意识培养方面发挥作用。通过参与各类团队合作活动，如社会实践、文化节策划等，学生不仅能够培养与他人合作的能力，还能够学会倾听、理解和包容他人的意见。这些合作和人际交往的经历有助于学生更好地与他人沟通、合作，提升社交技能，培养团队协作精神，从而为将来的社会交往和职业发展打下坚实基础。

三、融合模式促进学生德性培养的机制分析

德育教育融合模式促进学生德性培养的机制主要体现在以下几个方面：

（一）情感共鸣与情感体验

1. 情感共鸣的作用与机制

德育教育融合模式通过情感共鸣和情感体验，促进学生德性的培养。情感共鸣是指学生在参与社会实践和活动时，与社会问题产生情感共鸣，从而增强对德性的认知和情感投入。这种共鸣是基于学生对社会问题的感知和体验，从而引发情感上的参与和共鸣。情感共鸣在德育培养中具有以下作用和机制：

（1）情感参与与认知启发

情感共鸣引发学生情感上的参与和共鸣，使他们更加关注和投入到社会问题中。例如，在参与社区环保活动时，学生亲身体验到环境问题的紧迫性，从而产生情感共鸣，进一步激发对环境保护的认知和行动。这种情感参与有助于学生更深入地了解社会问题，形成积极的价值观念。

（2）情感体验与价值观念形成

通过情感体验，学生能够更加深刻地体会道德与价值观念的重要性。例如，参与公益剧场演出，学生可以通过角色扮演来感受不同的情感和价值观，从而更好地理解道德抉择和情感体验。这种情感体验有助于学生从情感上体验道德问题，进一步形成健康的价值观念。

2. 情感共鸣的实施策略

在德育教育融合模式中，实施情感共鸣策略需要考虑以下因素：

（1）真实性和情感投入

情感共鸣的体验应该具有真实性和情感投入。学生需要参与实际的社会活动，亲身体验社会问题，从而产生真实的情感共鸣。例如，在参与社会公益活动时，学生应该亲自参

与活动，感受到自己的行为对他人和社会的影响，从而产生情感共鸣。

（2）情感表达与情感共鸣

情感共鸣需要通过情感表达来传递。学生可以通过绘画、写作、演讲等方式，表达自己对社会问题的情感和思考，与他人分享情感体验，引发共鸣。例如，在校园微电影比赛中，学生可以通过影片表达自己对社会问题的情感和关注，从而引发观众的情感共鸣。

（二）角色模仿与情境引导

1. 角色模仿的作用与机制

德育教育融合模式通过角色模仿和情境引导，促使学生在虚拟情境中体验道德抉择和价值观决策。角色模仿是指学生在特定情境下扮演不同的角色，体验不同的情感和价值观，从而培养判断力和决策能力。这种体验有助于学生更全面地理解社会问题，并在情境中进行情感投入和价值观思考。角色模仿在德育培养中具有以下作用和机制：

（1）情境切换与多元视角

通过角色模仿，学生可以在不同的情境中切换角色，体验多元的视角和情感。例如，在模拟法庭辩论中，学生可以扮演不同的律师角色，体验不同的辩护立场和价值观，从而培养理解多元观点和价值观的能力。

（2）情境引导与情感激发

情境引导可以激发学生情感上的参与和体验。通过创设具有挑战性的情境，如社会问题情景模拟，学生可以在情境中感受道德抉择和价值观决策的压力和情感，从而更深刻地理解问题的复杂性。

2. 情境引导与角色模仿的实施策略

在德育教育融合模式中，实施情境引导和角色模仿策略需要考虑以下因素：

（1）情境设计与问题引导

情境引导需要精心设计情境，确保情境具有挑战性和现实性。例如，在社会问题情景模拟中，可以选择具有一定难度和争议性的社会问题，引导学生在情境中进行价值观抉择和决策。

（2）角色设定与情感体验

角色模仿需要设置不同的角色，确保每个角色具有独特的情感和价值观。在模拟情境中，学生可以扮演不同的社会角色，体验不同角色的情感和责任，从而增强情感体验的深度和广度。

（三）反思与行动转化

1. 反思的作用与机制

德育教育融合模式强调反思与行动转化，使学生在实践中不仅关注道德抉择，还能将思考转化为实际行动。反思是指学生对实践经验进行深入思考和总结，从中获取启示，形成对德性的认知和行动。反思在德育培养中具有以下作用和机制：

（1）经验总结与认知升华

反思可以帮助学生对实践经验进行总结和认知升华。通过反思，学生能够从实践中获取有益的经验和教训，深化对道德问题的认识，形成对德性培养的深刻认知。

（2）价值观转化与行动意愿

通过反思，学生能够将思考转化为行动意愿。在反思过程中，学生可以思考自己的行为是否符合道德和价值观，从而激发对行动的积极意愿。例如，在社会实践活动后，学生通过反思认识到自己在行动中的不足，进而更有动力改进自己的行为。

2.反思与行动转化的实施策略

在德育教育融合模式中，实施反思与行动转化策略需要考虑以下因素：

（1）反思指导与问题引导

反思过程需要引导学生思考和问题解决。教师可以提供相关问题，引导学生对实践经验进行思考，如实践中遇到的道德困境、价值观抉择等。通过问题引导，学生能够更有针对性地进行反思。

（2）行动计划与目标设定

反思后，学生可以制定行动计划并设定目标。在行动计划中，学生可以明确自己要改进的方面，制定具体的行动步骤和目标，从而将反思转化为实际行动。例如，通过制定环保计划，学生可以在日常生活中积极参与环保活动，落实自己的行动意愿。

（四）教师引导与同伴互助

1.教师引导的作用与机制

在德育教育融合模式中，教师扮演着引导者和榜样的角色，通过引导学生思考和讨论，促进学生形成正确的思想政治观念和道德观念。教师引导是德育培养中的重要机制，具有以下作用和机制：

（1）价值观传递与榜样作用

教师通过言传身教，传递正确的价值观念和道德观念。教师作为榜样，通过自己的言谈举止影响学生，激发他们形成正确的德性认知和行为习惯。例如，教师在课堂上强调公平正义、团结互助等价值观，为学生树立了良好的榜样。

（2）引导问题与思辨能力培养

教师通过引导问题，激发学生思考和思辨能力。在课堂讨论中，教师可以提出具有挑战性和启发性的问题，引导学生从不同角度思考，分析问题的利弊，培养批判性思维和判断力。通过思辨，学生能够更全面地理解社会问题，进一步形成健康的价值观念。

2.同伴互助的作用与机制

同伴之间的互助合作也是德育培养的重要机制。学生可以通过交流互动，分享思考和经验，相互影响和启发，从而共同促进德性的培养。同伴互助具有以下作用和机制：

（1）价值观共鸣与情感支持

同伴之间可以产生价值观共鸣，相互传递积极的情感支持。在小组讨论和合作活动中，学生可以交流自己的价值观念和情感体验，得到同伴的理解和支持。这种情感支持有助于巩固学生的德性认知和价值观念。

（2）经验分享与行动启发

同伴之间可以分享实践经验，相互启发行动。学生可以交流参与社会实践的体验，分享自己的思考和行动计划，从而激发彼此的行动意愿。例如，同伴之间分享在环保活动中的感受和体会，可以鼓励其他同学积极参与环保行动。

（3）群体认同与社会影响

同伴之间形成群体认同，相互影响和推动。在团队合作和集体活动中，学生可以感受到群体认同的力量，从而更有动力积极参与社会事务。例如，在社会实践团队中，学生能够共同合作解决问题，增强对社会责任的认同感。

3. 教师引导与同伴互助的实施策略

在德育教育融合模式中，教师引导与同伴互助策略的实施需要考虑以下因素：

（1）激发兴趣与主动参与

教师引导需要激发学生的兴趣和主动参与。通过设计有趣和具有挑战性的活动，教师能够吸引学生的注意，激发他们积极参与讨论和合作，从而促进德育培养的效果。

（2）同伴合作与协同学习

同伴互助需要营造良好的合作氛围和协同学习环境。在小组合作和互助活动中，教师可以引导学生学会倾听、尊重他人观点，相互合作，共同解决问题，促进德育培养的共同努力。

（3）榜样引领与集体认同

教师引导需要以榜样作用引领学生。教师可以在言行中展示正确的价值观念和道德品质，成为学生的榜样。同时，教师可以引导学生形成集体认同，让学生感受到共同努力和价值观念的影响力，从而促进德育培养的集体认同感。

德育教育融合模式通过将德育与思想政治教育相融合，实现了知识传递与道德培养的有机结合。该模式注重学生的实践体验、情感共鸣和思考互动，通过多种机制促进了学生德性培养的全面发展。在培养学生的道德品质、社会责任感和公民素质方面，德育教育融合模式具有重要的作用和价值。同时，该模式也为教育者提供了新的教育策略和方法，有助于培养更有品德和社会责任感的未来公民。

第二节　导师制度与思想政治教育融合的实践研究

一、导师制度在大学思想政治教育中的地位与功能

（一）导师制度的引入与背景

1. 导师制度的演进与背景

导师制度在大学思想政治教育中的引入不仅是教育改革的需求，更是适应社会变革和

学生发展的必然选择。传统的思想政治教育模式在灌输知识的同时，未能充分关注学生的个体差异和发展需求。随着社会多元化和知识爆炸的发展，传统模式的局限性逐渐凸显，导致了对新型教育模式的思考和探索。

2.学生个体发展与导师制度

学生个体发展是导师制度引入的核心背景之一。每个学生都是独特的，拥有不同的兴趣、优势和潜能。传统的思想政治教育过于通用，无法满足学生个性化的成长需求。导师制度的引入，旨在通过个性化指导和关怀，促进学生在思想政治领域的全面发展。这一背景要求思想政治教育不再仅仅是知识的传授，更需要关注学生的情感、态度和价值观，从而更好的培养合格的公民。

（二）导师制度的地位与功能

1.个性化发展的平台

导师制度在大学思想政治教育中的地位体现在为学生提供个性化发展的平台。传统课堂模式难以满足学生多元化的需求，而导师制度通过一对一或小组交流，可以深入了解每个学生的兴趣、特长和需求。导师可以根据学生的个性特点，量身订制学习计划和思想政治指导，促进学生在思想政治领域的全面成长。

2.独立思考与批判能力的培养

导师制度的功能之一是培养学生的独立思考和批判能力。传统教育模式往往强调知识的灌输和接受，学生缺乏思考的主动性。而导师制度强调思想政治教育的过程性和互动性，鼓励学生提出问题、发表观点，并在导师的引导下进行深入思考和探讨。通过与导师的互动，学生可以培养批判性思维，形成独立、理性的思考方式。

3.道德品质和社会价值观的培养

导师制度在大学思想政治教育中的另一个功能是培养学生的道德品质和社会价值观。导师作为榜样和引领者，通过言传身教，传递正确的道德观念和社会价值观。导师可以通过讨论、案例分析等方式，引导学生思考社会伦理、公共道德等问题，培养他们的社会责任感和公民素质。通过导师制度，学生不仅在知识层面得到丰富，更在道德层面受到潜移默化的影响。

4.学术与思想的交流平台

导师制度在大学思想政治教育中还具有促进学术与思想交流的功能。导师往往是经验丰富、具有深厚学术素养的教师，他们不仅可以引导学生进行学术研究，还可以分享自己的思想和见解。通过与导师的交流，学生可以接触到前沿的学术理论和思想观点，拓展自己的思维领域。同时，导师制度还为学生提供了与导师和同学讨论问题的机会，促进了学术与思想的碰撞和交流。

5.创新精神与综合素质的培养

导师制度强调培养学生的创新精神和综合素质。导师可以鼓励学生参与学术研究、社会实践等活动，培养他们的实际操作能力和创新能力。通过实际参与，学生可以将学到的知识和理论应用于实际问题的解决，增强综合素质。同时，导师制度还可以引导学生思考学术与实践的结合，培养学生的创新思维和实际应用能力。

二、导师制度融合德育的具体操作与实践

（一）导师制度与德育理念的融合

1. 个性化指导与德育需求

导师制度融合德育理念，注重个性化指导，针对学生的德性发展需求进行有针对性的引导。导师通过深入交流了解学生的性格特点、道德观念和行为习惯，从而制定个性化的德育计划。这种个性化指导不仅有助于弥补传统课堂教学的不足，更能够促进学生的道德品质培养。

2. 人生观与价值观的引导

导师制度的融合还在于引导学生树立正确的人生观和价值观。通过与导师的深入讨论和交流，学生可以更清晰地认识自己的人生目标和价值追求。导师可以分享自己的人生经验，引导学生思考人生意义、责任感等重要问题，从而培养学生积极向上、积极向善的品德。

3. 品德塑造与社会责任感培养

导师制度的融合还在于通过导师的言传身教，塑造学生的良好品德和强化社会责任感。导师可以通过自身行为和言辞，传递正直、诚信、勇于担当等道德观念。同时，导师可以引导学生深入参与社会实践活动，让他们亲身体验到为社会作出贡献的价值，培养其积极的社会责任感。

（二）导师制度与德育课程的融合

1. 德育主题课程设计

导师制度融合德育课程，可以通过精心设计德育主题课程，将道德和社会伦理问题融入课程内容中。导师可以在课程中引导学生讨论伦理困境、道德选择等议题，促使他们思考并形成对于德性的深刻理解。例如，在伦理学课程中，导师可以引导学生分析道德决策的原则和影响，培养其道德判断力。

2. 案例分析与道德思考

导师制度的融合还可以通过案例分析等方式，引导学生进行道德思考和价值观分析。导师可以选取现实生活中的道德难题或伦理争议作为案例，组织学生进行讨论和分析。这种案例式教学可以帮助学生从不同角度思考道德问题，提升他们的道德意识和价值判断能力。

3. 德育与学科知识的融合

导师制度融合德育课程时，可以将道德观念与学科知识相结合，促使学生在学科学习中体现出良好的道德品质。例如，在政治课程中，导师可以引导学生探讨政治决策的道德

因素，分析不同政策对社会的影响，培养学生的公民意识和社会责任感。

（三）导师制度与社会实践的融合

1.社会实践项目设计

导师制度融合社会实践，可以设计相关的社会实践项目，让学生在实际行动中体验道德与德行的培养。导师可以组织学生参与社会公益活动、志愿服务等，引导他们关注社会问题并付诸实际行动。这种实践过程不仅有助于培养学生的社会责任感，还能够将道德观念转化为实际行为。

2.实践经验与道德反思

导师制度融合社会实践时，强调实践经验与道德反思的结合。导师可以引导学生在实践后进行反思，思考自己的行为与道德准则是否一致，以及如何更好地履行社会责任。通过反思，学生可以深刻理解道德选择的重要性，进一步巩固道德品质的培养。

3.社会问题研究与解决

导师制度融合社会实践时，可以引导学生选择一个具体的社会问题进行研究和解决。导师可以指导学生从道德的角度出发，分析问题的原因和影响，探讨解决问题的可能途径。通过这种问题导向的实践，学生不仅可以提升道德思考能力，还能进一步提升解决问题的实际能力。例如，学生可以选择关注环境污染问题，导师可以引导他们分析环境保护的道德价值，探讨减少污染的方法，并鼓励他们积极参与相关的环保活动。

（四）导师制度与课外活动的融合

1.德育导师参与课外活动

导师制度融合课外活动，可以让德育导师参与学生的课外活动，引导学生在日常生活中践行道德。德育导师可以参与学生社团、志愿服务等组织，与学生共同参与活动，传递正面价值观。通过这种参与，导师不仅成为学生的指导者，更成为学生的朋友和榜样。

2.课外活动中的道德教育

导师制度融合课外活动时，可以将道德教育融入活动中，使学生在实际操作中体验道德的重要性。例如，在团队合作的课外项目中，导师可以引导学生讨论团队合作的道德原则，如公平、诚信等。通过实际操作，学生可以更好地理解道德价值，形成良好的行为习惯。

3.课外活动与社会责任

导师制度融合课外活动，强调将课外活动与社会责任相结合。导师可以引导学生选择参与社会责任相关的课外活动，如社区服务、义工活动等。通过参与这些活动，学生可以体验到为他人和社会作出贡献的价值，培养出高度的社会责任感。

三、学生个体成长与导师制度融合的案例分析

（一）案例背景与导师角色

在现代高等教育体系中，大学不仅是知识的传授者，更是学生综合素质的塑造者。思想政治教育在大学教育中占据着重要的地位，旨在培养学生的社会责任感、公民意识和道德观念。某大学作为一个典型案例，探索并实施导师制度，将学术导师与思想政治教育导师有机结合，为学生的个体成长和德育培养提供了有力支持。

在这一案例中，导师的角色不仅仅局限于传授学术知识，更涵盖了对学生思想政治教育的引导和关怀。导师作为学术领域的专家，负责指导学生的学术研究和科研发展，帮助学生培养批判性思维、创新能力和学术造诣。与此同时，导师还承担着思想政治教育的角色，关注学生的德性培养、价值观塑造和社会责任感培养。导师通过与学生的互动交流，引导他们关注时事政治、社会伦理等问题，培养他们的政治意识和社会责任感。

导师在这一案例中发挥着桥梁和引路人的作用，将学术知识与思想政治教育有机地结合起来。导师不仅在学术领域为学生提供指导，还通过启发式的教学方法，引导学生在实际生活中运用所学的知识和思想。例如，在学术研究中，导师可以鼓励学生探索与思想政治教育相关的课题，帮助他们理解思想政治教育在实际问题中的应用。在学术论文撰写过程中，导师可以引导学生探讨思想政治教育对特定领域的影响，从而培养学生的批判性思维和学术深度。

此外，导师还通过个人示范和亲身经历，传递积极的思想和价值观。导师可以分享自己在学术和社会实践中的体验，引导学生树立正确的人生观和价值观。通过导师的言传身教，学生不仅能够获得学术上的启迪，还能够在思想政治教育方面受益，形成健康、积极的人生态度。

（二）导师制度融合德育的操作与实践

导师制度作为一种教育创新方式，在某大学的实践中，不仅在学术领域起到引导和支持的作用，更重要的是将德育融入其中，通过个性化辅导、学术导向与价值观引领以及实践参与社会责任等方面的操作和实践，全面培养学生的道德品质和社会责任感。

1. 个性化辅导与德性培养

导师制度注重个性化辅导，导师与学生之间建立起信任和沟通的关系，了解学生的德性需求与成长情况。通过深入交流，导师可以关注学生的道德观念、价值取向以及面临的道德困境。在道德困境中，导师不仅可以为学生提供道德准则和伦理原则，更能引导学生自主思考、辨析是非，培养其道德判断力。例如，当学生面临诱惑或伦理纠纷时，导师可以与其共同探讨可能的道德选择，引导学生考虑后果和影响，从而培养出明智的道德决策能力。

2. 学术导向与价值观引领

在学术研究中，导师可以将学术导向与价值观引领相结合，通过引导学生关注与道德

伦理有关的学术问题，培养其批判性思维和价值判断能力。例如，在哲学、伦理学等课程中，导师可以组织学生研究道德理论、伦理原则等，引导他们从哲学角度思考社会伦理问题，培养他们对道德价值的深刻理解。通过学术讨论和研究，学生不仅能够在学术领域发展，还能够从价值观的角度审视自身行为和社会责任。

3. 实践参与社会责任

导师制度鼓励学生积极参与社会实践活动，将理论知识转化为实际行动，培养学生的社会责任感和公民意识。导师可以组织学生参与社区服务、公益活动等实践项目，让学生亲身体验社会问题，从而引发他们对社会责任的认识和思考。例如，导师可以引导学生参与社会调研，了解社会问题的根源和影响，然后与学生一起探讨解决问题的途径和方法，培养他们的社会问题解决能力和创新意识。

通过个性化辅导、学术导向与价值观引领以及实践参与社会责任等方式，导师为学生提供了全面的培养支持，促使学生在学术领域和道德品质上均得到发展。这一案例为其他高校构建类似导师制度提供了有益的经验和启示，有助于进一步提升大学思想政治教育的有效性和实效性。

（三）学生个体成长与导师制度融合的案例效果分析

在该案例中，导师制度融合德育取得了显著的效果，通过个性化辅导、学术导向与价值观引领、实践参与社会责任等方面的操作和实践，为学生个体成长和全面素质提升带来了积极影响，进一步强化了学生的道德品质和社会责任感，同时也促进了学术发展。

1. 德性培养与思想觉悟提升

导师制度通过个性化德育指导，引导学生形成正确的人生价值观和社会观念，从而提升学生的德性和道德素质。导师与学生的深入交流使得学生更加意识到道德行为对个人和社会的重要性，从而在面对伦理和道德问题时能够更加理性地思考，做出符合社会价值的选择。这有助于培养学生的社会责任感和积极向上的思想意识，使其更加关注社会正义问题。

2. 社会责任感与实际行动

导师制度的实施使学生更加关注社会问题，并将其社会责任感转化为实际行动。通过参与社会实践等活动，学生能够深入了解社会现实，更加意识到自己作为公民的责任。导师的鼓励和指导促使学生在实际行动中展现出积极的社会责任感，例如，自发组织社区义工队伍，关心社区居民的需求，为社区发展和改善作出贡献。

3. 自主发展与全面素质提升

导师制度通过个性化指导，帮助学生制定个人发展规划，推动学生在学术和德育领域实现自主发展和全面素质提升。学生在与导师的交流中，能够更加清楚地认识自身的优势和不足，根据自身兴趣和目标规划学术和职业发展路径。导师的学术导向与价值引领，使学生不仅在学术领域有所建树，同时也在道德品质上取得进步。学生参与学术研究项目的经历，锻炼了他们的批判性思维和创新能力，同时也让他们意识到自身在社会中的使命和责任。

综合而言，该案例中导师制度融合德育的操作与实践取得了显著的效果，为学生个体成长和全面素质提升提供了有效支持。通过德性培养与思想觉悟提升、社会责任感与实际行动、自主发展与全面素质提升等方面的举措，学生在思想、道德、学术等多个方面得到了全面培养，为他们未来成为有道德担当和社会责任的公民奠定了坚实基础。

第三节　大中小学德育一体化融合的实践研究

一、德育在不同阶段教育中的融合策略和方法

《关于深化新时代学校思想政治理论课改革创新的若干意见》提出："坚持思政课在课程体系中的政治引领和价值引领作用，统筹大中小学思政课一体化建设，推动各类课程与思政课建设形成协同效应。"在大中小学教育中，德育的融合策略和方法需根据不同阶段的学生特点和发展需求进行调整和定制。在小学阶段，德育融入各学科教学，通过故事、游戏等活动培养学生基本的品德素养，如诚实、友善等。在中学阶段，可以通过社团活动、课外实践等方式，引导学生积极参与社会实践，培养他们的责任感和领导能力。而在大学阶段，德育融合强调培养学生的批判思维、社会责任感和创新精神，可以通过课程设计、社会实践项目等方式实现。

（一）小学阶段的德育融合策略和方法

1. 故事教育法

小学阶段的学生通常对故事情节较为敏感，故事中的人物形象和行为可以成为德育教育的载体。教师可以精选具有道德教育意义的故事，通过讲述和讨论，引导学生从中汲取正确的价值观和品德观念。

2. 游戏化德育

游戏是小学生喜爱的活动，可以将德育内容融入游戏中。例如，设计道德游戏、角色扮演，让学生在游戏中体验不同情境下的道德决策，培养他们的道德判断和行为准则。

3. 校本德育活动

学校可以组织一些校本德育活动，如道德讲堂、德育周等，将德育融入校园文化。通过讲座、展览、比赛等形式，引导学生思考社会价值观、个人责任等问题。

（二）中学阶段的德育融合策略和方法

1. 社团和实践活动

中学生逐渐具备了一定的自我管理能力，可以参与社团和课外实践活动。学校可以设立德育社团，引导学生积极参与志愿者服务、社会调研等实践，培养他们的社会责任感和领导才能。

2. 课程融合

将德育内容融入各学科课程中，使学生在学习知识的同时，也能够培养道德品质。例如，在语文课中讨论人物的道德选择，在历史课中探讨历史事件中的道德问题等。

3. 个案辅导

中学阶段的学生在心理和道德方面可能面临更多挑战，可以通过个案辅导的方式，与学生进行深入交流，解决他们在道德选择和行为方面的困惑和问题。

（三）大学阶段的德育融合策略和方法

1. 跨学科德育课程

设计跨学科的德育课程，引导学生从不同学科视角探讨伦理、社会责任等问题。通过跨学科学习，培养学生的综合素质和批判思维。

2. 社会实践项目

大学阶段的学生可以更加深入地参与社会实践项目，将理论与实践相结合。学校可以组织社会调研、志愿服务等项目，培养学生的社会责任感和公民意识。

3. 学术讨论与道德辩论

通过开展学术讨论、辩论等活动，引导学生探讨伦理、道德等议题，培养他们的道德判断和批判能力。同时，通过学术研究，让学生将道德观念融入学术探究中。

不同阶段的德育融合策略和方法应该根据学生的认知发展水平和特点进行差异化设计。在小学阶段，强调情感教育和基本道德素养的培养；在中学阶段，注重实践和社会责任的培养；在大学阶段的德育融合更加注重批判思维、综合素质和社会参与能力的培养。通过这些策略和方法的融合，可以全面推进德育教育，使学生在不同阶段都能够得到德育的有效引导和培养。

二、大中小学德育融合模式的差异与联系

（一）教育目标的差异与联系

《新时代学校思想政治理论课改革创新实施方案》明确了思政课一体化各学段的课程目标，"小学阶段重在培养学生的道德情感""初中阶段重在打牢学生的思想基础""高中阶段重在提升学生的政治素养""大学阶段重在增强学生的使命担当"。

尽管大中小学德育融合模式之间有所不同，然而它们存在一系列的联系和相似之处。这些模式普遍重视将德育渗透到各个学科的教学中，德育贯穿整个教育过程的理念。模式致力于塑造学生的道德品格和社会责任感，旨在在学生的不同成长阶段培养他们的基本道德素养。大中小学德育融合模式也共同关注培养学生的创新能力和批判性思维，以适应日益复杂多变的社会环境。这些重要特点在不同层次的德育融合模式中得到了广泛的认同和采纳，以确保学生受益于全面而有益的教育体系，为未来的发展做好充分准备。

1. 大学德育融合模式

（1）注重批判思维与创新能力培养

大学阶段的学生已具备较高的认知能力，因此德育目标更加注重培养他们的批判思维

和创新能力。学生需要具备分析问题、评估信息、提出创新解决方案的能力，以更好地适应复杂多变的社会环境。

（2）培养领导潜质

大学德育融合模式强调培养学生的领导潜质，使他们能够在未来职业领域中发挥带领团队、推动变革的作用。学生需要具备领导力、团队合作和决策能力，以在社会中产生积极影响。

2.中学德育融合模式

（1）注重社会责任感

中学德育融合模式的教育目标在于培养学生的社会责任感，使他们能够认识到自己作为社会成员的责任，积极参与社会实践并为社会作出贡献。

（2）强化团队合作能力

中学生正处于人格发展和社会适应的关键时期，需要培养基本的道德品德，以及在集体中协调合作的能力。德育目标包括培养学生的团队合作、沟通与协调能力，使他们能够在群体中发挥作用。

3.小学德育融合模式

（1）培养基本道德素养

小学德育融合模式的目标在于培养学生的基本道德素养，如诚实、友善、守规矩等。通过故事、游戏等活动，让学生初步了解和接受社会道德规范，建立正确的品德观念。

（2）培养基本人际交往能力

小学生正处于道德观念初步形成的阶段，需要培养基本的人际交往能力，如尊重他人、合作交往等。德育目标包括帮助学生建立良好的人际关系和交往习惯。

尽管大中小学德育融合模式的教育目标存在差异，但它们都关注学生全面发展，致力于培养社会有用的公民。在不同阶段，德育目标会根据学生的认知水平、人格发展和社会适应需求进行调整，但核心目标始终是培养品德、道德观念和社会责任感，以塑造积极向上的人格和价值观。

（二）教育内容的差异与联系

1.大学德育融合模式

（1）高阶道德议题

大学德育融合模式的教育内容注重引导学生关注社会伦理、公共政策等高阶道德议题。学生通过深入研究和讨论，培养对复杂社会问题的批判性思维和道德判断能力。

（2）伦理决策与公共问题

学生在大学阶段需要面对更加复杂多变的社会伦理决策，德育内容着重培养他们在面对伦理困境时的决策能力，以及对公共问题的思考和参与。

2.中学德育融合模式

（1）道德判断与决策

中学德育融合模式关注培养学生的道德判断和决策能力。教育内容包括让学生认识社会现实中的道德困境，引导他们学会正确处理各种道德挑战，形成独立的道德判断。

（2）社会责任感与道德规范

学生在中学阶段逐渐形成自己的价值观和道德观念，德育内容帮助他们树立正确的社会责任感，学会遵守道德规范，成为有益于社会的公民。

3.小学德育融合模式

（1）基本品德与行为规范

小学德育融合模式侧重培养学生的基本品德和行为规范。教育内容通过故事、游戏等方式，让学生初步了解社会道德规范，培养诸如诚实、友善、尊重等基本品德。

（2）情感培养与价值观初步形成

小学生正处于情感培养和价值观初步形成的阶段，德育内容帮助他们形成积极向上的情感态度，初步接受并理解社会价值观。

尽管大中小学德育融合模式的教育内容存在差异，但它们都以培养学生的道德品格、社会责任感和价值观为核心目标。在不同阶段，德育内容会根据学生的认知水平、道德发展和社会适应需求进行调整，以确保教育内容与学生特点相符，能够有效地促进他们的道德成长。

（三）教育方法的差异与联系

1.大学德育融合模式

（1）课程设计与讨论

大学德育融合模式强调课程设计和讨论，通过设计专门的课程或模块，引导学生深入研究和思考伦理和价值观问题。课堂上的讨论环节能够激发学生的思辨能力，促进批判性思维的培养。

（2）案例分析与辩论

在大学阶段，德育教育可以采用案例分析和辩论等方法，让学生从实际情境中分析伦理问题，探讨不同的观点和解决方案，培养他们的道德判断和决策能力。

2.中学德育融合模式

（1）社会实践与团队活动

中学德育融合模式注重社会实践和团队活动，在实际情境中让学生体验道德决策和团队合作。学生可以参与社会义工、社区服务等活动，通过实际参与培养实际能力和社会责任感。

（2）角色扮演与情景模拟

在中学阶段，教育方法可以包括角色扮演和情景模拟，让学生在虚拟情境中体验道德冲突和抉择，培养他们的道德判断和决策能力。

3.小学德育融合模式

（1）生动活泼的教学方式

小学德育融合模式采用生动活泼的教学方式，通过故事、游戏等方式激发学生的兴趣。教育内容注重通过趣味性的活动培养学生的基本道德情感和意识。

（2）角色塑造与情感培养

在小学阶段，教育方法可以通过角色塑造和情感培养，让学生通过身临其境的方式体验道德情感，培养他们的基本品德和社会意识。

尽管大中小学德育融合模式的教育方法存在差异，但它们的目标都是培养学生的道德品德和社会责任感。不同阶段的学生具有不同的认知水平和发展需求，因此应选择适合学生特点的教育方法，以实现有效的德育效果。这些方法在不同阶段都有针对性地培养学生的道德素养和实际能力，使他们能够在未来的社会中作出正确的道德选择和行为。

（四）教育环境的差异与联系

1. 大学德育融合模式

（1）开放的学术环境

大学德育融合模式在较为开放的学术环境下进行，鼓励学生自由思考、表达和讨论伦理和价值观议题。大学提供了丰富的知识资源和学术平台，使学生能够更深入地探讨复杂的伦理问题。

（2）学术讨论与研究

大学德育注重学术讨论和研究，通过课程讨论、学术研究项目等方式，引导学生进行深入的伦理思考，培养他们的批判性思维和创新能力。

2. 中学德育融合模式

（1）固定的课程设置

中学德育融合模式在较为固定的课程设置和校园文化中实施。德育教育往往被融入学科课程中，强调培养学生的规范意识和社会责任感。中学通过设立特定的德育课程或主题班会等方式，引导学生了解道德价值观念。

（2）规范意识和社会责任

中学德育强调培养学生的规范意识和社会责任感。在校园文化中，中学通常设立了学生会、社团组织等，鼓励学生参与社会实践和公益活动，培养他们的团队合作和领导能力。

3. 小学德育融合模式

（1）活泼有趣的教学氛围

小学德育融合模式在活泼有趣的教学氛围中进行，通过故事、游戏等方式激发学生的兴趣。小学德育教育注重培养基本的道德观念和品德，以及基本的人际交往能力。

（2）情感交流和角色塑造

小学德育强调通过情感交流和角色塑造培养学生的道德情感。小学教育注重培养学生的基本道德情感和意识，通过模仿和角色扮演，让学生初步理解社会道德规范。

大中小学德育融合模式在教育环境方面虽存在差异，然而它们的共同目标是培养学生的道德素养和社会责任感。通过教育环境和方法的改变，各个阶段的德育教育可以更好地满足学生的认知发展和社会需求，从而有效实现德育目标。尽管大中小学德育融合模式在教育目标、内容、方法和环境上存在区别，但它们始终关注学生的德性培养，强调将德育融入教育全过程，以培养具有良好道德品质和社会责任感的时代新人。同时，不同阶段的德育融合模式也可以相互借鉴，为学生的全面发展提供更多的可能性和支持。

第四节　校风建设与思想政治教育融合的案例分析

一、校风建设对思想政治教育的直接影响与塑造

校风是学校文化的重要组成部分，对思想政治教育产生直接影响并塑造学生的价值观和行为方式。以某高中为例，该校积极倡导民主、科学、文明、和谐的校风，这种校风鼓励学生自主思考、平等交流，培养了学生的批判性思维和民主意识。在思想政治教育中，学校通过营造开放的学习环境，鼓励学生讨论时事政治问题，促使他们从多角度思考，形成独立见解。校风的积极建设为思想政治教育提供了有益的氛围和平台。

（一）积极倡导的校风塑造学生的价值观

校风作为学校文化的体现，直接影响学生的价值观和行为方式。在某高中的实践中，积极倡导民主、科学、文明、和谐的校风对学生的思想政治教育产生了深远的影响。这种校风强调尊重个体差异、鼓励开放交流，使学生从早期形成了尊重他人、理解多元文化的价值观念。在思想政治教育中，这种价值观的塑造使得学生更容易接受不同思想政治教育观点，从而更具开放性和包容性。

1.自主思考与批判性思维的培养

学校积极倡导自主思考，这为思想政治教育注入了活力。学生在积极思考问题的过程中，逐渐培养了批判性思维能力。校风鼓励学生质疑和探究，使他们在接触思想政治教育时不满足于表面的回答，而是追求深层次的理解和分析。这种思维方式使学生更加理性地对待时事政治问题，形成自己的独立观点，并勇于表达和捍卫。

2.民主意识和公共参与能力的培养

校风倡导民主和和谐，鼓励学生参与学校和社区事务的决策。这种参与培养了学生的民主意识和公共参与能力，使他们在思想政治教育中更加注重社会公共事务，关心国家政策，积极参与社会讨论。学生逐渐意识到自己作为公民的责任和义务，从而在未来更有可能成为具有社会责任感和政治敏锐性的公民。

（二）开放的学习环境促进多元思考

校风的建设在学校营造了积极向上的学习氛围，为思想政治教育提供了有益的氛围和平台。在这种开放的学习环境下，学生更容易形成多元的思想政治观点，培养对不同政治思潮的理解和尊重。

1.鼓励学生讨论与思辨

学校鼓励学生讨论时事政治问题，促使他们从多角度思考，形成独立见解。在思想政治教育课程中，学生通过小组讨论、辩论等活动，就热点问题进行思辨，从而拓宽了他们的视野和认知。这种开放的学习环境使得学生不仅能够接触到各种不同的政治观点，还能够培养辨析能力，分辨真伪，形成自己的政治判断。

2.培养全球视野和国际意识

积极的校风使得学生在国际交流中更加开放和自信。学校鼓励学生参加国际交流活动，增进了他们的国际视野和国际意识。在思想政治教育中，这种开放的视野使学生能够更好地理解国际政治形势，对国际事务有更深刻的思考，为培养具有全球竞争力的政治人才奠定了基础。

二、校风对学生成长环境的塑造作用与影响

学校的校风不仅影响思想政治教育，还直接塑造了学生成长的环境和氛围。在某小学中，校风强调关爱、包容、共享，培养了学生友善、乐观的品质，使他们具备积极的人际交往和合作精神。这种校风也为思想政治教育创造了良好的基础，使学生在思想政治教育中更加开放、理性地与他人交流，不断提升自身的社会责任感和道德情操。

（一）校风塑造积极的人际交往和合作氛围

校风对学生成长环境的塑造作用在于培养学生积极的人际交往和合作精神。在某小学，强调关爱、包容、共享的校风使学生在日常交往中形成友善、乐观的品质。这种校风鼓励学生相互尊重、互助合作，培养了学生在团队中的协调性和合作性。在思想政治教育中，学生借助这种积极的人际交往和合作氛围，更容易形成思想政治的共识和共鸣，互相启发和促进，使思想政治教育取得更好的效果。

1.促进开放的思想交流

积极的校风为学生提供了开放的思想交流平台。学生在相互尊重、包容的校园氛围中，更愿意分享自己的政治思考和观点。这种开放的交流氛围使得学生能够直面不同的政治观点，从而拓宽了自己的视野，培养了对多元思想政治的理解和包容。学生在互相交流的过程中，不仅能够表达自己的政治观点，还能够从他人的观点中汲取营养，形成更加全面和深入的思想政治。

2.形成积极的政治参与意识

校风的积极影响促使学生形成积极的政治参与意识。学生在乐观、包容的校风熏陶下，更有可能关心社会问题，并愿意通过参与社会实践、志愿服务等方式表达自己的意识。这种积极的参与意识使得学生能够更深入地理解思想政治教育的实际应用，通过实际行动来践行自己的信仰，进一步提升了他们的德育素养。

（二）校风对学生成长环境的影响

校风对学生成长环境的影响在于为学生提供了积极向上的学习氛围，塑造了有益于思想政治教育的环境。在某小学中，强调关爱、包容、共享的校风创造了以下影响：

1. 积极地学习动力

校风的积极影响激发了学生的学习动力。学校倡导关爱和共享，使学生在学习中感受到来自老师和同学的支持和鼓励。这种积极的学习氛围使学生更加热爱学习，努力追求知识，为思想政治教育提供了积极的心态和条件。

2. 培养自信和创新精神

校风的包容性培养了学生的自信心和创新精神。学生在积极的校园环境中，更有勇气尝试新的思想和观点，展示自己的创造力。在思想政治教育中，学生能够更加自信地表达自己的政治观点，勇于挑战传统观念，从而在思想上得到更好的成长。

三、校风建设与德育思政教育融合的创新实践案例

在 S 市某中学的具体实践中，校风建设与德育思政教育实现了有机融合。学校倡导以德育为核心，将思想政治教育融入日常教学和校园管理中。例如，学校设立了"德育微课堂"，通过微课形式向学生传递思想政治教育内容，激发学生的学习兴趣。同时，学校倡导师生共同参与社会公益活动，通过实际行动践行社会主义核心价值观。这种创新实践使德育思政教育不再局限于课堂，而是贯穿于学校的各个方面，为学生成长提供了全面的引导和支持。

（一）德育思政教育融合的创新实践案例

学校以德育为核心，将思想政治教育融入日常教学和校园管理中，实现了有机融合。这一创新实践案例从多个方面体现了校风建设与德育思政教育的融合。

1. "德育微课堂"：跨足时代，引领学生思政教育

学校设立了"德育微课堂"，充分利用信息技术手段，将思想政治教育融入微课形式中，以更加生动、易于接受的方式向学生传递德育思政内容。微课堂中涵盖了多元的政治主题，从国家政策到国际时事，从优秀人物到道德典故，旨在激发学生的学习兴趣，引导他们深入思考社会伦理和价值观问题。通过这种创新方式，学生不仅在课堂上接受思想政治教育，还能够随时随地通过移动设备进行学习，使思政教育贯穿到学生的学习生活中。

2. 社会公益活动：实践育人，践行核心价值观

学校倡导师生共同参与社会公益活动，提倡"身教胜于言教"。通过实际行动践行社会主义核心价值观，学生在参与社会公益活动的过程中体验和感受到了社会责任和道德情感的培养。举例而言，学生参与社区公益活动，不仅仅提升了他们的奉献精神，更进一步培养了他们的团队合作和协调能力。同时，学校鼓励师生积极参与扶贫助学、志愿者服务等活动，这使得学生能够在实际行动中亲身体验到为他人着想和乐于助人的价值观，进一步巩固了德育和思政教育在学生心中的自我内化过程。通过参与这些具有社会意义的活

动，学生们不仅能够扩展自己的视野，还能够培养他们的社会责任感和公民意识。这种积极的参与和体验，有助于学生们形成良好的道德行为习惯，同时进一步提升他们的综合素养和社会适应能力。

（二）案例反思与启示

以上案例反映了校风建设与德育思政教育融合的积极成果，但也需要一些反思和进一步完善。

1. 平衡技术与人文关怀

"德育微课堂"等技术手段的引入确实增强了思政教育的灵活性和互动性，但也需要注意平衡技术与人文关怀。虽然微课堂便于学生学习，但在传递情感、培养情操方面仍需配合更多的面对面互动。学校可以在技术手段的同时，加强课堂教学、心灵导师制等方式，提供更全面的德育思政体验。

社会公益活动的开展培养了学生的社会责任感，但要实现更深层次的思政教育目标，需要进一步深化活动内容，增强活动的持续性。学校可以通过开展社会调研、政策讨论等方式，引导学生深入思考社会问题的根本原因，探讨问题背后的社会结构和政治背景，使他们能够更深刻地认识社会的多样性和复杂性。同时，学校还可以建立社会实践项目的跟踪机制，确保活动的持续性和影响力，使学生的社会参与不仅是一种表面性的体验，更能够深入影响他们的价值观和思想认知。

2. 综合评价与个性发展的平衡

在校风建设与德育思政教育融合的实践中，需要注意平衡综合评价与学生个性发展的关系。虽然德育思政教育对学生的综合素质和品德有重要影响，但也应充分尊重学生的个性特点和多样化发展。学校可以通过多元评价方式，既关注学生的思想政治素养，又兼顾个体的兴趣和特长，鼓励学生在不同领域发展，从而实现全面而多样化的成长。

校风建设与德育思政教育融合的创新实践案例表明，通过将德育与思政教育有机融合，学校能够为学生成长提供更全面的引导和支持，培养具有社会责任感和良好价值观的公民。然而，这一融合实践仍需要在平衡技术与人文关怀、深化社会参与持续性、综合评价与个性发展等方面持续探索和完善。未来，学校可以进一步挖掘创新教育手段，探索更多融合模式，以满足学生全面发展的需求，助力他们成为有道德情操和政治素养的社会栋梁。

第六章　学习教育融合模式在思想政治教育中的应用

第一节　学习教育融合模式的基本特点与作用

一、学习教育融合模式的理论基础与特征

学习教育融合模式是一种教育理念和方法，旨在将学习过程与教育目标有机结合，促进学生全面发展。在学习融合式模式下，教育不再仅仅局限于单向的知识传递，而是转变为创造一个活跃互动的学习环境。在这种模式中，教师成为了指导者和协作者，激发学生的探索精神，实践能力和协作意识。学生得到了更多的自主选择权，能够根据自身的兴趣和需求定制学习路径，从而增强了学习的主动性和针对性。其理论基础包括构建有效的教育环境、个性化学习、终身学习等。这种融合模式的特征在于强调学习和教育的紧密连接，突破传统的教学模式，更加关注学生的自主学习和终身学习能力。

（一）个性化学习和自主学习

1.学习差异性的认知和应对

学习教育融合模式的个性化学习特征基于教育心理学中的个体差异理论。这包括了如斯金纳的行为主义理论、皮亚杰的认知发展理论以及瓦伦汀的多元智能理论等。这些理论强调了每个学生的独特性，提出了个体在学习、思维和问题解决方面存在差异，需要根据其认知发展阶段、兴趣爱好和学习风格制定差异化的教学策略。

2.学习动机和自主性的激发

个性化学习通过满足学生的学习需求，激发其内在的学习动机。马斯洛的需求层次理论指出，人的需求包括生理需求、安全需求、社交需求、尊重需求和自我实现需求。学习教育融合模式关注每个学生的需求，创造积极的学习环境，促使学生逐步实现自我潜能，从而增强他们的学习自主性。

（二）跨学科融合和综合素养培养

1.跨学科教育的理论基础

学习教育融合模式强调跨学科融合，以杜威的综合教育理念为理论基础。杜威认为，学科之间存在紧密联系，学习应当具有综合性和综合素养，而不是孤立地学习各个学科。

学习教育融合模式通过将不同学科的知识和技能融合在一起，培养学生的跨学科思维和综合分析能力。

2. 综合素养的培养与评价

学习教育融合模式注重培养学生的综合素养，这需要建立相应的素养框架和评价体系。综合素养包括学科知识、批判性思维、创新能力、沟通协作能力、文化意识等多个层面。学习教育融合模式通过融合不同学科和培养学生的综合能力，使他们能够更好地适应复杂多变的社会需求。

3. 实践与体验教学

（1）学习理论与实践教学

实践与体验教学在学习教育融合模式中占据重要地位，与杜威的体验学习理论密切相关。杜威强调，学习应当基于实际经验，学生通过亲身参与和体验来理解和构建知识。在学习教育融合模式中，学生通过实际项目、社会实践等方式，参与真实情境，从而更深入地理解和掌握知识。

（2）问题导向与解决能力的培养

学习教育融合模式强调问题解决式学习，这与帕特索普洛斯的理论相符。他认为，学习应当以解决实际问题为导向，通过面对问题、分析问题、解决问题的过程，培养学生的批判性思维和问题解决能力。实践体验使学生能够在真实情境中运用思想政治教育解决问题，增强了他们的实际操作能力和创新能力。

二、融合模式对于学生学习动力与能力的提升

（一）高阶思维与创新能力的培养

学习教育融合模式鼓励学生进行跨学科学习和思考，培养他们的高阶思维能力和创新能力。跨学科教育是一种革新的教学模式，它通过整合不同学科领域的知识，为学生提供了一个全面理解自然、社会和世界的平台，是培养高阶思维和创新能力的有效手段。

1. 融合模式中的跨学科教育理念

学习教育融合模式倡导跨学科学习，将不同学科的知识进行融合，培养学生从多个角度思考问题的能力。这种跨学科的教育理念受到教育学家约翰·杜威的影响，他提出了"综合教育"理念，强调学科之间的联系与整合。学生在跨学科学习中，不仅能够获得更全面的知识，还能够培养跨领域的思维方式，促进创新能力的培养。跨学科教育理念的理论基础同样包括建构主义学习理论。建构主义理论认为，知识的获得不是教师讲授，而是学生在特定情境中，借助他人和资源，通过意义建构实现。它指出"情境"、"协作"、"会话"和"意义建构"是学习的四大要素。建构主义学者强调学生应致力于整体和跨学科的学习，也就是说，依据重要问题构建的情境和脉络来整合相关知识，将知识学习的焦点集中于理解和解决重要问题上。

2.高阶思维的培养与问题解决能力

学习教育融合是培养学生高阶思维能力的重要手段。高阶思维能力包括分析、评价和创造等能力，它要求学生能够超越表面的信息，深入思考，形成独立的见解和判断。融合模式下整合了不同学科的知识，在跨学科的学习过程中，学生不仅能够学习来自不同学科的知识，还能够发现各学科之间的内在联系和相互影响，从多维度上理解和分析问题。这种跨界的思考方式能够极大地拓展学生的思维边界，学生能够在不同学科的交叉点上形成新的认知和理解，从而提高他们的高阶思维能力。跨学科教育还强调实践和创新的重要性。通过将理论知识应用于实际问题的解决中，学生能够更好地理解和掌握知识，同时也能够培养他们的创新思维和实践能力。这种教育模式鼓励学生积极探索未知，尝试不同的解决方案，实现对自然、社会和世界的有效改造，提高学生解决实际问题的能力。

（二）合作与沟通能力的提升

在学习教育融合模式中，学生常常需要与他人合作完成任务，这种模式有效提高了他们的团队协作和沟通能力。在这个过程中，学生需要通过讨论、协商和合作来解决面前的问题，这不仅能够让他们充分发掘和利用集体智慧，也能够在实际操作中学习和掌握有效的沟通和合作技巧，从而提升自身的社交能力。

1.合作学习的背景和理论基础

学习教育融合模式中，合作学习被广泛应用，其理论基础源于社会互动理论，尤其受到维果茨基的影响。维果茨基认为，社会互动有助于学生的认知发展，而合作学习正是基于这一理念。学生通过与他人合作，分享观点、交流思想，从而促进了知识的建构和共享。合作学习培养了学生的团队合作和沟通能力，使他们能够有效地与他人合作，达到共同目标。

2.合作学习与社交技能的培养

合作学习不仅培养了学生的学术能力，还促进了他们的社交技能。在合作学习过程中，学生需要与同伴进行有效的沟通、协商和协作，这有助于培养他们的社交能力。首先，学生在合作学习的过程中，学会了倾听和理解他人的观点。团队讨论为解决问题提供了多元视角，学生在听取他人意见时，也学会了如何理性分析和评价不同观点，筛选有价值信息，形成全面准确的认识。其次，合作学习为学生提供了表达看法的机会。在与同伴交流时，学生学会了如何清晰、准确地表达想法和意见，以及如何通过有效沟通让团队成员理解并接受自己的观点。除此之外，合作学习还让学生体验了如何处理和解决团队中的分歧和冲突。在面对不同意见时，学生学会了如何通过协商和沟通寻找共同点，找到双赢解决方案，确保团队顺利完成任务。这些社交技能对学生未来职业生涯和社会交往具有重要意义。有效沟通和协作不仅能帮助他们未来建立良好人际关系，也能让他们在面对团队合作和多方协调时更为自信、得心应手。通过合作学习，学生不仅学术上有所进步，而且社交能力得到锻炼和提升，为未来生活奠定坚实基础。

（三）自主学习和终身学习的习惯养成

学习教育融合模式培养了学生的自主学习能力和终身学习习惯。在这种模式下，学生需要自主获取信息、整理知识、解决问题，逐渐形成了自主学习的习惯。这种习惯不仅有助于学生在当前阶段取得优异的学习成绩，更重要的是，培养了他们终身学习的意识。学生在实践中体验到自主学习的成就感和乐趣，逐渐认识到学习是一个持续不断的过程，而不仅仅局限于课堂和考试。

1. 自主学习理念与学习动机

学习教育融合模式强调自主学习，这与马斯洛的需求层次理论相关。自主学习满足了学生在需求层次中的自我实现需求，使其在学习过程中感到更有动力和满足感。学生在自主学习中，可以根据自己的兴趣和需求制定学习计划，选择学习资源，积极参与知识的探索和建构，从而培养了自主学习的习惯。

2. 终身学习意识与学习策略

学习教育融合模式培养了学生的终身学习意识。在这种模式下，学生不仅仅是在课堂上获取知识，更是学会了如何自主地探索和应用知识。这种学习习惯让学生明白，学习不只是为了应付考试，而是一种持续不断的追求，是为了不断提升自身的能力和素质。首先，这种融合模式强调了自主学习的重要性。它鼓励学生在课堂之外寻找知识，培养了他们的主动性和独立思考能力。学生在自主学习的过程中，会逐渐发现学习的真正价值，认识到知识的重要性，并开始珍惜每一个学习的机会。其次，学习教育融合模式促进了实践应用。它让学生有机会将所学应用于实际情境中，从而深刻理解知识的实用性和重要性。通过实践应用，学生能够更好地理解和掌握知识，同时也能够体验到终身学习的价值。最后，这种模式还帮助学生建立了长期学习的信念。通过不断的实践和尝试，学生逐渐认识到只有持续的学习和进步，才能在日新月异的社会中保持竞争力。这种意识让学生形成了终身学习的信念，并愿意将之付诸实践。

第二节　自主学习与思想政治教育融合的实践研究

一、维护和养成自主学习的环境和习惯

思想政治理论课程的内容广泛，涵盖了许多不同的领域和主题。这些课程不仅包括对政治理论的深入理解，还包括对社会、经济和文化等各个方面的探讨。然而，由于教学课时的有限，教师在完成课程讲解后，往往很难与学生有再次交流的机会。这种情况在一定程度上限制了学生的学习效果和发展。为了解决这个问题，思想政治理论课程开始转向网络教学模式。这种模式的出现为学生自主学习创造了有利的环境。通过网络，学生可以在任何时间、任何地点进行学习，这大大增强了学习的灵活性和便利性。同时，一些思想政治理论课的教师也在网上开设了个人微博，以便更好地与学生互动和交流。他们在微博中

不仅解答学生关于课程的问题，还会推荐一些优质的文章和学术前沿的理论内容。这样的做法不仅能帮助学生解决学习中的困惑，还能在一定程度上开拓他们的知识视野，使他们能够接触到更多的学术信息和观点。此外，一些教师还在网络上组织学生进行问题讨论和交流。这种方式让学生有机会直接参与到课程的学习中来，提高了他们的参与度和学习兴趣。因为网络是学生们比较喜欢的学习方式，所以教师们也抓住了这一点，积极引导学生对这门课程进行有兴趣的学习。

（一）网络课程的出现

随着思想政治理论课程内容的广泛涵盖和教学时间的有限，网络课程开始成为一种重要的教学方式。网络课程为学生提供了自主学习的便捷途径。学生可以在任何时间、任何地点，通过在线课程学习和资源获取，更好地掌握和巩固课程内容。这为学生创造了更灵活的学习环境，有助于培养自主学习的习惯。在当今信息时代，网络课程的出现极大地改变了传统的教学模式。通过网络平台，教师可以向学生提供丰富多样的学习资源，如教学视频、课件、练习题等。这些资源不仅可以帮助学生更好地理解课程内容，还可以激发学生的学习兴趣。此外，网络课程还可以根据学生的个体差异进行个性化的教学安排，使学生能够根据自己的学习进度和能力选择适合自己的学习路径。这种灵活性使得学生能够更加主动地参与学习过程，培养了自主学习的习惯。

除了自主学习，网络课程还为学生提供了与他人交流的机会。学生可以通过在线论坛或社交媒体平台与其他同学分享自己的观点和问题，与他们进行讨论和交流。这种互动不仅可以帮助学生解决疑惑，还能够拓宽他们的思维视野。同时，学生之间的合作学习也能够促进彼此的进步，形成良好的学习氛围。

（二）教师的在线互动

一些思想政治理论课程的教师积极利用网络平台与学生进行在线互动。通过个人微博、在线论坛等工具，教师可以与学生保持更紧密的联系。他们不仅解答学生的问题，还推荐相关文章和学术内容，引导学生深入学习。这种在线互动为学生提供了直接向教师请教和交流的机会，有助于激发学生的学习兴趣和主动性。

教师在网络平台上的在线互动不仅能够及时解答学生的疑问，还能够为学生提供更多的学习资源和指导。通过与学生的互动，教师可以了解学生的学习情况和需求，从而调整教学策略和方法，提高教学效果。同时，教师也可以通过在线互动了解学生对课程的看法和反馈，进一步完善教学内容和方法。

（三）学生的问题讨论和交流

教师还利用网络平台促进学生之间的问题讨论和交流。学生可以在在线论坛或社交媒体上分享观点、提出问题，进行课程相关的讨论。这种互动不仅有助于学生之间的学习互助，还能够加深对课程内容的理解。学生通过积极参与问题讨论和交流，养成了自主学习和合作学习的习惯。

在网络平台上进行问题讨论和交流不仅可以提高学生的学习效果，还能够培养学生的合作精神和团队意识。通过与同学们的交流和讨论，学生可以从不同的角度看待问题，拓宽自己的思维边界。同时，学生们也可以相互鼓励和支持，共同进步。

（四）学生兴趣的引导

教师积极利用网络平台满足学生的兴趣。通过推荐有趣的文章、学术前沿性的理论内容，以及与时事相关的政治话题，教师能够引导学生更加主动地探索课程内容。学生对兴趣引导的学习更加积极主动，这有助于养成自主学习的习惯。

在网络平台上，教师可以根据学生的兴趣爱好进行个性化的教学设计。例如，对于对时事政治感兴趣的学生，教师可以推荐相关的新闻报道和政治评论；对于喜欢学术研究的学生，教师可以推荐相关的学术论文和研究项目。通过引导学生根据自己的兴趣进行学习，可以激发他们的学习动力和主动性。

综上所述，网络课程的出现为思想政治理论课程的教学带来了许多新的可能性和机遇。通过网络平台，教师可以提供更加灵活多样的教学方式和资源，满足学生的个性化需求；同时，学生也可以通过在线互动和问题讨论与教师和其他同学进行交流和合作，培养自主学习和合作学习的习惯。通过网络平台的引导和支持，学生的兴趣爱好得到更好的满足和发展。

二、指导学生掌握有效的自主学习方法

自主学习在思想政治教育中扮演着重要的角色，具有重要的价值。思想政治教育是培养学生正确的世界观、人生观、价值观，提升他们的思想道德素质和综合素养的一项重要任务。而自主学习作为一种学习方式和方法，能够有助于实现这一目标。自主学习能力的培养是一个过程。思想政治理论课教师要有耐心地去引导学生培养和锻炼自主学习的能力，在教学过程当中用各种方式去引导、启发、鼓励学生进行自我探究，特别是在面对困难的时候，要调动学生的积极情绪，增加他们的自信心，"授之以鱼，不如授之以渔。"思想政治理论课内容比较枯燥，抽象性概括性强，教师要抓住课程的这个特点，培养学生的思维能力，分析问题的能力，让他们从现象掌握本质，从概念掌握原理，一步步地提高学生的学习兴趣。教师要转变自己的教学模式，从以教为中心转向以学生自我学习为中心，在这个过程当中去培养学生参与课堂教学的行为，让学生逐渐摆脱依赖老师的心理。

（一）耐心引导和启发

思想政治理论课的教师需要具备耐心和启发学生的能力。自主学习能力的培养是一个渐进的过程，教师应该通过反复引导和鼓励学生进行自我探究。当学生遇到困难或疑惑时，教师要及时提供帮助和建议，同时引导他们思考问题的方法和途径。通过这种方式，教师能够渐进地培养学生的自主学习意识和能力。

（二）激发积极情绪和自信心

在面对思想政治理论课程内容的复杂性和抽象性时，学生可能会感到挫折和不安。教师的角色不仅是知识传授者，还应该是学生的心理支持者。教师可以通过激发积极情绪和增强学生的自信心来帮助他们克服困难。表扬学生的努力和成就，鼓励他们相信自己的潜力，这有助于提高学生的学习动力和积极性。

（三）培养思维和分析能力

思想政治理论课程内容的抽象性和概括性要求学生具备较强的思维和分析能力。教师可以通过引导学生深入思考问题，分析概念和原理，帮助他们从表面现象中抓住问题的本质。通过提供案例分析、问题解决的方法和实际应用等方式，教师可以培养学生的批判性思维和问题解决能力。这将使学生更有信心地应对复杂的课程内容。

（四）转变教学模式

教师的教学模式应该从以教为中心转向以学生自主学习为中心。这意味着教师要更多地充当指导者和引导者的角色，而不是简单地传授知识。教师可以设计启发性问题、讨论活动和研究课题，鼓励学生主动参与课堂教学。通过互动和合作学习，学生将逐渐培养出自主学习的兴趣和习惯。

三、树立以学生为中心的学习评价观

在教育的广阔天地里，教师的角色不仅仅是传授知识，而是成为学生学习旅程中的指导者和伙伴。在这个过程中，对学生的评价成为了一种非常重要的反馈机制，它能够帮助教师了解学生的学习进度和理解水平，同时也能够帮助学生了解自己的优势和劣势。尤其是在思想政治理论课程的学习评价中，教师的参与显得尤为重要。这不仅是对学生学习效果的评价，更是对其思想认识和价值观的培养。

在评价过程中，将学生作为评价的主体，是非常重要的一环。这是对"以学生为本"的教学理念的贯彻。每个学生都是独特的个体，他们有着不同的学习能力和兴趣，也有着不同的价值取向和生活经历。因此，评价应当以学生的实际情况为基础，尽可能客观公正地评价学生的学习活动的价值和效果。

教师在教学过程中的及时反馈，是促进学生针对性学习的重要手段。通过及时的反馈，学生能够了解自己在学习过程中的优势和劣势，从而做出相应的调整。例如，如果学生在某个知识点上有困难，教师的及时反馈能够帮助学生及时发现问题，寻找解决方案。实际教学评价过程是一个多元化，多维度的过程。教师应当尽最大可能地调动学生学习理论的积极性，让学生能够在愉快、积极的氛围中学习。例如，通过组织学生学习效果的评价小组，教师可以引导学生们从多个角度对同学的作品进行评价，既肯定了学生的努力，也指出了作品中存在的不足。这样的集体评价不仅能够帮助学生认识到自己的缺陷，也能够培养他们的团队合作精神和批判性思维。

除了上述的评价方式，考试考核也是一个不可或缺的环节。对于思想政治理论课来说，考试不仅仅是对学生知识掌握程度的检验，更是对学生思想认识和价值判断的评估。通过闭卷与开卷、笔试与口试、道德认知与实际行动、课堂教学与社会实践等多元化的考核方式，教师能够从多方面、多角度评价学生对思想政治理论课程的理解和掌握。例如，开卷考试可以检验学生的理解和应用能力；口试可以检验学生的思辨和表达能力；社会实践则可以检验学生将理论知识应用到实际中的能力。

教师还应当努力了解学生的学习态度、兴趣和特长，为学生提供展现和发展自己特长的机会。例如，如果有的学生在演讲方面有特长，教师可以组织一些辩论或演讲活动，让这些学生有机会发挥自己的特长。同时，教师也可以根据学生的兴趣，设计一些有趣的学习任务和项目，激发学生的学习兴趣和积极性。

最后，教师应当与学生建立良好的沟通机制，让学生能够在学习过程中感受到教师的关心和支持。通过定期的个人交流、家长会、学生评价等方式，教师可以及时了解学生的学习情况和需求，为他们提供必要的帮助和支持。

综上所述，教师在学生思想政治理论课程的学习评价中，不仅要贯彻以学生为本的教学评价理念，还要努力创新评价方法和手段，全方位、多角度地评价学生的学习效果，以培养学生的自主学习能力和思想政治理论素养。

四、教育教学过程要充分利用网络资源

随着互联网的发展，学校校园网也得到了飞速的发展，目前已经形成了自己的网络阵地。学校应该充分地使用这个宣传和教育的渠道，根据每个学校的文化特点来做好网络文化宣传工作。例如，学校可以建立专门的教育网站，在上面定期播放有价值、有影响力的影音资料，开辟专门的可以让学生自由交流的版块。

（一）学校网络阵地的充分利用

随着互联网的快速发展，学校的校园网已经成为一个潜力巨大的宣传和教育渠道。学校应该善用这一网络阵地，根据每个学校的文化特点和教育需求，开展网络文化宣传和思想政治教育工作。

首先，学校可以建立专门的教育网站，该网站可以成为宣传和教育的中心。在网站上，学校可以定期发布有价值、有影响力的影音资料，如政治理论课程视频、专题讲座录播等。这些资料不仅可以提供学生丰富的学习资源，还可以扩大学校的影响力，吸引更多的学生和社会公众关注思想政治教育。

其次，学校可以在网站上开辟专门的互动版块，供学生和教师自由交流。这种互动平台可以用于学术讨论、政治话题讨论、学习资源分享等，促进学生之间的交流和合作。通过在线互动，学校可以促进学生思想观点的多元化，培养他们的辩论和表达能力。

（二）网络资源的教育应用

学校的网络阵地不仅可以用于宣传，还可以为思想政治教育提供丰富的教育资源。学校可以在网站上建立一个专门的资源中心，收集和整理各类思想政治教育相关的学习资料、研究成果和教育案例。这些资源可以包括政治理论文献、历史事件资料、社会问题研究报告等，供学生和教师参考和使用。

此外，学校的网络资源还可以用于心理咨询和支持。学校通常会配备专业的心理咨询教师，他们可以利用网络渠道与学生进行交流和咨询。通过在线交流，心理咨询教师可以更贴切地了解学生的心理动态和需求，为他们提供个性化的心理支持和指导。这种方式可以提高心理咨询的效果，让学生更好地面对挑战和困扰。

（三）实现思想政治教育的有效性和多样性

综合而言，充分利用学校的网络资源可以实现思想政治教育的有效性和多样性。通过建立教育网站、进行沟通协作、提供丰富的教育资源和支持心理咨询，学校可以为学生提供更丰富、更便捷、更具互动性的教育体验。这不仅有助于提高学生对思想政治教育的兴趣和参与度，还可以提升教育的质量和效果，培养更具思想政治素养的公民。因此，学校应该积极发挥网络资源的作用，为思想政治教育提供更广阔的发展空间。

第三节　教育信息化与思想政治教育融合的案例分析

案例一：在线辩论平台与思想政治教育的融合

（一）案例背景

这所大学的思想政治教育课程一直以来都面临着挑战。学生对这门课程的兴趣普遍不高，课堂氛围缺乏活跃度，学生的参与度相对较低。教育者对此深感担忧，因为思想政治教育被视为培养学生全面发展所必不可少的一门课程。然而，传统的教学方法似乎无法激发学生的兴趣，也不能满足他们的需求。

一方面，学生对于传统教材和课堂讲述模式的疲劳愈加明显，他们渴望更具吸引力和互动性的学习方式。另一方面，教育者也认识到，思想政治教育不仅仅是知识传授，更是培养学生的思辨、表达和批判性思维能力的重要途径。因此，改变现有状况显得至关重要。

在这一背景下，教育者开始积极探索如何引入教育信息化，以期提升思想政治教育课程的质量和吸引力，同时激发学生更高程度的参与和互动。这种变革成为了应对目前教育挑战的一项重要举措。

（二）融合方式

学校引入了在线辩论平台，允许学生在课程中参与实时辩论和讨论。教育者在每节课上提出争议性问题，学生可以在线提交自己的观点并与同学互动辩论。此外，教育者还邀请专业辩论员作为客座讲师，为学生提供辩论技巧指导。

1. 引入在线辩论平台

学校采用了引入在线辩论平台的策略，为思想政治教育课程注入了新的活力。这一决策允许学生通过网络参与实时辩论和讨论，为传统的课堂教学模式注入了新的元素。在线辩论平台的特点在于它提供了一个虚拟的辩论舞台，学生可以在这个虚拟环境中积极参与辩论，表达自己的观点，与同学们进行互动，这种实时性的互动与传统的课堂教学相比更具吸引力。

2. 教育者的争议性问题

教育者在每节课上提出了一系列争议性问题，这些问题旨在引发学生的思考和讨论。通过精心挑选的问题，教育者成功地唤起了学生的兴趣，并激发了他们对思想政治话题的好奇心。这些问题不仅限制在教材范围内，还包括了时事热点、伦理道德等多个领域，从而拓宽了学生的知识面，使他们更具全面的思考和表达能力。

3. 专业辩论员的参与

为了提高在线辩论的质量和深度，教育者还邀请了专业辩论员作为客座讲师，为学生提供辩论技巧指导。这个环节的意义在于专业辩论员能够传授学生辩论的技巧和策略，使他们能够更有逻辑性和说服力地表达自己的观点。专业辩论员的参与还为学生提供了与真正专业人士交流和互动的机会，这种互动对于学生的思维和学习意义重大。通过这种方式，教育者为学生提供了更高水平的学习资源，以确保他们在辩论过程中不仅能够提高自己的表达能力，还能够深入思考课程中的重要议题。

通过这三个方面的融合方式，思想政治教育课程得以重塑，增加了学生的参与度和互动性，使课程内容更加生动有趣，同时也为学生提供了更广阔的学术视野和实践机会。

（三）影响与收益

这一融合方式使得思想政治教育更具互动性和参与性。学生通过在线辩论平台积极参与课堂讨论，锻炼了批判性思维和表达能力。教育者也能够更好地了解学生的观点和需求，及时调整教学内容。

1. 对学生的影响与收益

第一，提高学生参与度。在线辩论平台的引入增加了课程的互动性和吸引力。学生更愿意积极参与课堂讨论和辩论，因为他们可以自由表达自己的观点，而不必担心尴尬或受到评判。这提高了学生的参与度，使他们更专注于课程内容。

第二，锻炼批判性思维。辩论是一项需要分析、评估和反驳观点的活动。通过参与在线辩论，学生锻炼了批判性思维的能力。他们学会了辨别论据的逻辑性和合理性，能够更深入地思考问题，形成独立的观点，并有力地支持自己的立场。

第三，实践表达技巧。在线辩论要求学生清晰、有力地表达自己的观点，并用有力的论据支持自己的立场。这提高了学生的口头和书面表达能力，增强了他们的沟通技巧，这对于他们未来的学术和职业生涯都具有重要价值。

2.对教育者的影响与收益

第一，引入专业视角。邀请专业辩论员作为客座讲师为课程增加了专业性。这些专业辩论员能够传授学生实际的辩论技巧指导和经验分享，为课程提供更高水平的学习资源。

第二，及时反馈与调整。在线辩论平台为教育者提供了及时的学生观点和课程反馈。教育者可以更好地了解学生的需求和诉求，及时对课程内容进行灵活的调整和改进，确保课程与学生的实际情况保持一致。

引入在线辩论平台为思想政治教育带来了双赢的局面。学生在互动性和思考性方面获益匪浅，而教育者也得以更好地满足学生的需求，并不断提高教学质量。这一融合方式使思想政治教育更具活力和吸引力，促进了学生的全面发展。

案例二：虚拟实验室与思想政治教育的理论知识的融合

（一）案例背景

在这所中学中，思想政治教育一直是学校课程体系的重要组成部分，旨在培养学生的公民意识、社会责任感和政治参与能力。然而，多年来，学校面临了一系列的挑战，这些挑战直接影响了思想政治教育的质量和效果。

首先，学校教育者普遍观察到，学生对于传统的思想政治理论课程兴趣不高。政治理论往往被视为抽象和难以理解，学生缺乏对其的积极探索欲望。这导致了学生的学习积极性不高，他们更愿意将精力集中在其他更具吸引力的学科上。

其次，传统的课堂教学方式难以引发学生的主动学习。教育者发现，传统的政治理论课程往往侧重于知识传授，缺乏实际应用和互动性。学生被动接受知识，而缺乏积极参与和思考的机会。这种单向的教学方法未能激发学生的思维深度和学习兴趣。

第三，思政教育的挑战还表现在学生的知识运用能力上。虽然他们可能会记住一些思政理论知识，但在实际情境中将这些知识应用到解决问题或分析政策时，学生往往感到无所适从。他们缺乏实际问题解决的机会和实践经验，这使得他们难以将理论知识与实际生活联系起来。

鉴于上述挑战，学校急需一种创新的教育方法，以重新点燃学生对思想政治教育的兴趣，提高他们的参与度，并培养他们的政治思考和实际应用能力。虚拟实验室技术的引入被视为一种有潜力的解决方案，可以在提供理论知识的同时，提供实际、互动和有趣的学习体验。

（二）融合方式

学校决定引入虚拟实验室技术，将其与思想政治教育的理论知识融合，以应对思想政治教育的挑战。以下是具体的融合方式：

1.虚拟实验室设计

学校认识到传统的思想政治教育往往依赖于抽象的理论知识传授，这对许多学生来说并不具有吸引力。因此，学校决定投入资源开发一套虚拟实验室，旨在通过实际案例和模拟场景提供更具吸引力和互动性的学习体验。这些虚拟实验室设计得非常生动和具体，每个虚拟实验室都模拟了不同的情境，涵盖了思想政治、法律法规、国际关系等多个领域的内容。例如，一个虚拟实验室可能模拟了国际间的外交谈判，学生需要扮演不同国家的代表，协商解决国际争端。这种设计使得抽象的政治理论知识变得具体、有趣，更容易引发学生的兴趣。

2. 理论知识与实践结合

为了确保虚拟实验室与思想政治教育的融合更具实际意义，学校的教育者设计了一系列虚拟实验任务。这些任务要求学生在虚拟环境中应用他们在课堂上学到的思政理论知识，解决实际问题，参与国际谈判等。任务的复杂性和难度因年级和学科而异，但它们都旨在模拟实际情境，让学生能够将抽象的理论知识转化为实际行动。这种实践性的学习方式帮助学生更好地理解理论知识的应用和实际意义，增强了他们的思考和问题解决能力。

通过将虚拟实验室技术与思想政治教育相融合，学校希望改变传统教学方式，创造更具吸引力和互动性的学习体验，以提高学生对思政理论知识的兴趣和理解。这一融合方式旨在使思想政治教育更具实践性，帮助学生将理论知识应用到实际生活中，并激发他们的思考能力。同时，这也为学校提供了一个更灵活的教学工具，以满足不同学生的需求，提供个性化的学习体验。

（三）影响和收益

虚拟实验室与思想政治教育的融合为学校带来了积极的影响和多重收益：

1. 提高学生参与度

虚拟实验室的引入极大地提高了学生的参与度。传统的思想政治教育中，学生往往是被动接收知识的对象，容易感到乏味和沮丧。然而，在虚拟实验室中，学生可以亲身参与决策制定、辩论和模拟实际情境，这激发了他们的学习兴趣和积极性。学生渴望在虚拟环境中发表自己的观点，与虚拟角色互动，这使思想政治教育的课堂变得生动而有趣。

2. 实践思政教育理论

虚拟实验任务强调实际应用政治理论知识，让学生将抽象的政治概念转化为实际技能。学生参与虚拟谈判和决策模拟等活动，这些经历使他们更好地理解和应用所学的政治理论。通过实际操作，学生获得了实践政治理论的机会，为未来的社会参与和公民责任奠定了基础。

3. 提高批判性思维

虚拟实验任务要求学生在虚拟环境中评估不同政策选择的优缺点，这培养了他们的批判性思维和问题解决能力。学生需要进行逻辑分析、权衡利弊，以做出明智的决策。这种批判性思维的培养不仅在思想政治领域有用，还在日常生活和职业发展中具有重要价值。

4. 互动和反馈

虚拟实验室为教育者提供了与学生互动的机会。教育者可以在虚拟环境中与学生交流，提供即时反馈和指导。这种互动有助于教育者更好地了解学生的学习需求，及时解答疑惑，指导学生在虚拟实验任务中取得成功。通过持续的互动，教育者可以建立更紧密的师生关系，为学生提供更个性化的学术支持。

虚拟实验室与思想政治教育的融合为中学思想政治教育带来了更具吸引力和实用性的教学方式，有助于学生更好地理解和应用政治理论知识，提高了他们的参与度和思考能力。

案例三：在线社区与公共政策讨论的融合

（一）案例背景

这所大学位于数字时代的前沿，面临了思想教育的挑战。学生们在日常生活中已经习惯了数字化社交和信息分享，他们更倾向于通过在线社区与同学互动和分享观点。然而，传统的思想教育方式，如课堂讲授和教科书阅读，却未能引起学生的浓厚兴趣和积极性。

学校的教育者们开始意识到，为了让思想教育更具吸引力和有效性，必须重新思考教学方法。他们看到数字互动的潜力，认识到在线社区可能是一种潜在的解决方案。因此，学校迫切需要一种新的教育方法，能够将思想教育融入数字时代的学习环境中，以更好地满足学生的需求并提高他们的学习体验。这就是背景所在，一个数字化时代与传统思想教育之间的碰撞和机遇。

（二）融合方式

为了应对思想教育挑战，学校决定将在线社区与思想教育相融合，采取以下方式：

1. 在线社区创建与管理

学校首先创建了一个专门的在线社区平台，这个平台专注于思想教育的讨论和互动。学生和教育者可以通过注册账户进入社区，在这个虚拟的学习空间中自由发表观点、提出问题、分享见解等。

第一，学校需要选择合适的在线社区平台或开发自有平台。这个平台应该具备易用性、安全性和功能丰富性。学校可以选择现有的社交媒体平台，也可以根据特定需求定制开发。平台的设计应简洁明了，使学生和教育者能够轻松注册、登录、发布内容和互动。

第二，学校需要建立用户账户管理体系。学生和教育者应该能够通过注册账户进入社区。这需要一套完善的用户验证和身份确认机制，以确保社区的安全性和合法性。同时，账户管理应支持学生和教育者的个性化设置，如头像、简介等。

第三，社区的管理者可以设立不同的主题或板块，每个主题都与思想教育相关，如政治理论、伦理道德、社会问题等。在每个主题下，可以设置不同的讨论帖子，以便学生和教育者在特定话题上展开讨论。这些主题和帖子的设置需要与课程内容和学校的思想教育目标相一致。

第四，为了确保社区内的内容质量和合法性，学校需要建立内容审核和管理机制。内容审核可以由专门的管理员或教育者负责，他们审核帖子和评论，确保其不包含不当言论、违法信息或侵犯他人权益的内容。管理者还可以制定社区规则，明确允许和禁止的行为准则，以维护社区秩序。

第五，学校可以利用数据分析工具来监测社区的活动和学生参与情况。这些数据可以包括帖子数量、讨论热度、学生互动频率等。通过数据分析，学校可以更好地了解社区的运作情况，发现问题并采取相应的改进措施。同时，学校也应该鼓励学生和教育者提供反馈意见，以不断改进社区平台和管理方法。

2.学生互动和合作

首先，学生可以在社区中自由发表自己的观点和见解。他们可以针对思想教育课程中的特定话题或课程内容发布帖子，提出问题，分享观点。其他学生可以回应这些帖子，形成有趣的辩论和讨论。这种意见交流有助于学生更深入地思考和理解复杂的思想教育问题。

其次，学生可以在社区中合作解决问题。思想教育课程通常涉及到伦理、道德、社会政策等复杂议题。学生可以组成小组，共同探讨和研究这些议题，提出解决方案。这种合作性学习不仅提高了学生的解决问题能力，还培养了团队合作精神。

再次，在线社区平台还能够让学生接触到来自不同背景和观点的人。思想教育鼓励学生尊重和理解多元化的观点，而社区中的学生来自不同年级、专业、文化和地区，他们的观点和经验各异。这种多元化的观点交流有助于学生更广泛地了解和尊重不同观点，培养了跨文化的交流技能。

最后，学生通过与他人辩论和讨论，锻炼了批判性思维能力。他们需要分析和评估他人的观点，提出有力的论据支持自己的立场，同时也需要接受他人的评价和反驳。这种批判性思维的培养对于思想教育的目标至关重要，因为它鼓励学生独立思考，做出明智的决策。

3.教育者的角色

第一，教育者在在线社区中充当引导者和组织者的角色。他们负责发布与课程相关的讨论主题，确定课程进度和重点。这些主题可以涵盖思想教育的核心概念、重要问题和案例研究。通过明确的讨论主题，教育者引导学生的学习方向，确保课程的一致性和连贯性。

第二，教育者在在线社区中提供学习资源。这些资源可以包括教材阅读、视频链接、学术文章、案例研究等。通过提供多样化的学习资源，教育者丰富了学生的学习体验，帮助他们更深入地理解思想教育的内容。

第三，教育者积极参与社区中的讨论，鼓励学生参与互动。他们可以提出问题，引导学生深入思考和讨论。同时，教育者扮演问题解答者的角色，及时回应学生的问题和疑虑。这种互动有助于澄清疑点，促进思想教育的深入学习。

第四，在线社区还提供了一个个性化学术支持的平台。教育者可以与学生一对一或小组互动，了解他们的学习需求，并提供个性化的指导和建议。这种个性化的支持有助于满足不同学生的学习需求，提高他们的学术表现。

第五，教育者通过在线社区获得学生的反馈。他们可以了解学生对课程内容和形式的看法，以及他们的学习体验。这使得教育者能够及时调整课程，根据学生的需求进行改进和优化。

（三）影响和收益

融合在线社区与思想教育带来了多方面的积极影响和收益，对学生、教育者以及整个教育体系都产生了深远的影响：

1.提高学生积极性和参与度

首先，在线社区的融合为学生提供了一个具有吸引力的数字学习环境。传统的思想教育方式通常以课堂讲授和阅读为主，往往难以激发学生的积极性。然而，融合在线社区后，学生可以通过在线平台与同学们互动、分享自己的观点和见解，这一数字互动环境激发了他们的学习兴趣。学生感到他们的声音被听到，他们的观点被尊重，这使得他们更加愿意积极参与思想教育的讨论。

其次，在线社区提供了一个自主学习的平台。在传统教育中，学生通常是被动的知识接受者，而在线社区鼓励了主动学习。学生可以根据自己的兴趣和学术需求选择参与的讨论主题，提出问题，分享自己的见解。这种自主性让学生感到他们有更大的控制权，从而增强了学习的积极性。

再次，在线社区的互动性激发了学生的好奇心。通过与同学互动和辩论，学生常常面临不同的观点和挑战。这促使他们更深入地思考和研究，以支持自己的观点。在线社区的讨论和互动可以看作是一种知识共享和合作的方式，这激发了学生对知识的渴望，提高了他们的学术兴趣。

最后，在线社区为学生提供了一个开放的学习空间。学生可以随时随地访问社区，无需受限于时间和地点。这种便捷性使得学生更容易融入学习，无论是在校园还是在家中。学生可以根据自己的节奏学习，这有助于提高他们的学习积极性和参与度。

2.促进思考和表达能力

首先，在线社区提供了一个开放和多元的讨论平台，使学生能够接触到来自不同背景和观点的同学。这种多样性激发了学生对不同观点的兴趣，促使他们更深入地思考问题。在讨论中，学生不仅可以表达自己的观点，还需要倾听和理解他人的观点，这培养了他们的思考和沟通技能。

其次，在线社区的讨论常常涉及到复杂的问题和议题。学生需要对这些问题进行深入的研究和分析，以支持自己的观点。他们必须寻找可靠的信息来源，评估证据的可信度，进行逻辑分析，并构建合理的论证。这个过程锻炼了他们的信息素养和批判性思维，使他们能够更好地理解和应用思想教育的概念。

再次，在线社区的互动性也鼓励了学生更清晰、更有逻辑性地表达自己的观点。在书面和口头表达方面的练习使他们能够更好地传达他们的思想。他们学会了组织思维、选择恰当的语言和结构化表达观点，这些都是思考和表达能力的重要组成部分。

最后，在线社区的实时性和即时反馈使学生能够不断改进他们的表达能力。他们可以从同学和教育者的反馈中获得建设性的意见，了解如何更好地表达自己的观点。这种反馈机制促使学生反思和改进，逐渐提高了他们的表达能力。

3. 建立学习社区和协作能力

首先，在线社区为学生提供了一个互相交流和分享学习资源的平台。学生可以在社区中发布有关思想教育的文章、笔记、心得体会等，让其他同学受益。这种资源共享增强了学生之间的互助氛围，让他们更容易获得各种学习材料和信息。

其次，在线社区中，学生通常需要协作解决问题或共同讨论复杂议题。这种协作性学习方式锻炼了学生的协作和团队合作能力。他们学会了与他人合作、协商意见、分工合作，以达成共同的学习目标。这些能力对于未来的学术和职业生涯都非常重要。

再次，学生之间的互动也加强了他们的社交技能。通过与同学互动、分享和讨论，他们建立了深厚的社交联系，形成了一个支持性的学习社群。这种社交环境增强了学生的自信心，使他们更愿意表达自己的观点和想法。

最后，在线社区还鼓励学生扮演不同的角色，例如领导者、组织者、问题解决者等。这种多样的角色分工培养了学生的领导和管理技能，使他们能够更好地协调和组织团队活动。这对于培养学生的领导潜力和综合素质非常有益。

4. 个性化支持和学术表现提升

首先，在线社区中，教育者能够更加精确地了解每位学生的学习需求和问题。学生可以在社区中提出问题、疑惑或困难，而教育者可以迅速回应并提供帮助。这种及时的个性化支持有助于解决学生在思想教育中遇到的困难，使他们更容易理解和掌握课程内容。

其次，教育者还可以为学生提供额外的学习资源和资料，以满足他们的需求。这包括推荐相关的阅读材料、参考书籍、在线课程等。教育者的专业知识和经验可以为学生提供有针对性的学习建议，帮助他们更好地理解复杂的思想教育概念。

再次，个性化支持还包括为学生设定个人学习目标和计划。教育者可以与学生一起制定学习路线图，帮助他们规划学术目标和时间表。这种指导有助于学生更加有组织地学习，提高了他们的学术表现和自律性。

最后，通过在线社区，教育者可以跟踪学生的学术进展，并及时进行反馈。他们可以评估学生的作业、参与度和成绩，为学生提供有针对性的建议和鼓励。这种反馈机制有助于学生不断改进自己的学术表现，使思想教育的效果更加显著。

第七章 思想政治教育一体化发展模式评价与展望

第一节 思想政治教育一体化发展模式评价体系的建构

为增强思想政治教育一体化实施的效果，必须科学合理且有效建构思想政治教育一体化发展模式的评价体系。建构以学生满意度为核心指标、以教师教学目标达成度为衡量指标、以教学资源充沛度为保障指标的复合型评价体系，[1] 为教育事业的发展提供相应方向。

一、以学生满意为核心指标

党的二十大报告提出必须坚持人民至上的立场观点以及方法论，具体而言就是一切为了人民，一切依靠人民，为了人民的利益而不断努力奋斗。对于教育工作而言，亦是如此，办好人民满意的教育。学生身心发展所具有顺序性、阶段性、个别差异性、不平衡性以及互补性的规律，思想政治教育一体化发展模式评价体系的建构应符合学生成长特点，坚持以生为本，因材施教，以学生满意度为核心指标。爱与尊重是教育的真谛，思想政治教育一体化发展模式坚持学生至上，即一切为了学生，为了学生一切，一切依靠学生，凸显学生的主体地位，着眼于学生的发展，秉持以学生为中心开展教学内容的改革以及设计，积极主动引导学生参与教学过程中，构建自己的知识体系，提升自身独立思考能力以及道德情操、意志品质、政治素养。深入学生一线，调查研究学生所遇到的真问题，真困难，主动贴近学生的思想实际情况，倾听学生心声，做到想学生之所想、行学生之所思，增加学生的满意度。

二、以教师教学目标达成度为衡量指标

教学目标是教学活动实施方向和预期达成的结果，是一切教学活动的出发点和落脚点。思想教育一体化发展模式评价体系的建构须以教师教学目标达成度为衡量指标，这体现了教师对课程的理解程度，本质是教师的教学观。从学习内容而言，思想政治教育应紧密联系社会所处的现状，增加对世情、国情、党情的理解和把握，丰富学习内容，从而形成一个整体的、综合的学习情境。从学习任务而言，引导学生由浅入深，逐渐养成提出问

---

1 赵哲，宋丹，刘晏如.高校思想政治教育系统的组织分析与建构方略［J］.现代教育管理，2019（4）：109.

题、分析问题、解决问题的能力以及培养开拓创新精神，思想政治教育一体化发展模式带动学生在学习任务中培养逻辑思维能力，梳理整体内容与逻辑框架，在掌握知识的过程中体现善的感染力，在能力培养中凸显真的感召力，在价值观的塑造中彰显美的吸引力。从教学方法而言，创新教学方法，提升教学活力，有助于教师教学目标达程度的完成。通过创新教学方法，活跃课堂氛围，增加亲和力，从而使知识点越理越清楚，价值观树立越来越牢固，进而思想政治教育的效能越明显，更加有利于完成教师教学目标。

三、以教学资源充沛度为保障指标

坚持系统观念，调动整合各方资源，以保障教学资源充沛为指标建构思想政治教育一体化发展模式的评价体系。宏观层面，思想政治教育一体化发展是整个国家、社会发展的子系统，为此，要站在整个国家、社会发展的高度看待思想政治教育发展，充分考量时代背景和社会背景，谋篇布局，有放有矢，使学生更好的融入时代发展的潮流之中，树立正确的大局观、价值观。积极弘扬主旋律，将中华传统优秀文化作为内容供给，增强文化自信，从而服务于中国特色社会主义现代化强国建设之中，服务于中华民族伟大复兴之中。微观层面，思想政治教育一体化发展须将理论教学与实践教学相结合，二者有机衔接。在日常的教学教程中，将思想政治教育与课程思政、思政课程结合起来，将情与理相结合，增进理论厚度，增加情感温度，充分调动各方力量开展思想政治教育教学一体化模式。整合网络资源，运用新媒体新技术使思想政治教育工作"活起来"，主动争夺网络空间这一舆论场域，充分利用学生喜闻乐见的方式，比如"三微一端"，主体教育网站等，增强时代感染力与感召力。与此同时，构建校园、家庭、学校三位一体的协同育人机制，利用各方资源，激发教育活力。另外，思想政治教育一体化发展模式离不开社会实践，更好的走进现实，贴近生活，主动打破"曲高和寡"的传统教学模式，更加注重以文化人、以文育人。建立形式多样的社会实践活动，深入开展暑假"三下乡"、"志愿服务西部计划"等经典项目，同时，开展形式多样、健康向上、格调高雅的校园文化生活，营造良好的校风校纪。

第二节　思想政治教育一体化发展模式的成效评估

一、各模式在思想政治教育中的实际效果与影响

（一）传统教育模式的效果评估

传统思想政治教育模式强调知识传授和灌输，其效果通常通过学生的知识掌握程度和考试成绩来评估。然而，这种模式可能忽视了学生思维能力、创新能力和综合素质的培养，造成了对学生全面发展的局限。

1. 知识掌握与应用能力

传统模式下，学生可能更注重应试性的知识掌握，而在实际问题解决中的应用能力相对较弱。评估方法主要以课堂测试和考试为主，难以准确反映学生对思想政治问题的深刻理解和分析能力。

2. 思维能力和批判性思维

传统模式往往未能有效培养学生的批判性思维和创新能力，学生在面对复杂政治问题时可能缺乏分析和思考的能力。因此，评估应更关注学生是否能够独立思考、提出问题、进行批判性分析等。

（二）综合素质教育模式的效果评估

综合素质教育模式强调培养学生的创新能力、领导力和社会责任感，其效果评估更加注重学生的综合素质和社会影响力。

1. 创新能力和实践能力

综合素质教育模式注重培养学生的创新能力和实践能力，通过课外活动、社会实践等方式培养学生解决实际问题的能力。评估应关注学生在实际项目中的表现和创新成果。

2. 社会责任感和公民意识

综合素质教育模式强调培养学生的社会责任感和公民意识，使其能够积极参与社会事务并影响社会发展。评估方法可以包括学生参与公益活动的情况、社会影响力等。

二、一体化模式对学生综合素质发展的贡献分析

一体化模式通常鼓励学生参与综合性实践活动，如社会调查、项目设计等，从而培养学生的团队协作能力和实际操作能力，同时产生积极的社会影响。

（一）综合性实践项目的成果

1. 跨学科项目设计

首先，项目多元性。一体化模式的核心之一是鼓励学生参与各种跨学科项目，涵盖广泛的主题和领域。这些项目可以包括社会科学研究、环境保护、健康医疗、文化创意等，从而确保学生有机会接触不同学科的知识和方法。

其次，综合知识和技能整合。学生参与跨学科项目时，通常需要整合不同学科的知识和技能来解决复杂的问题。例如，一个关于城市可持续发展的项目可能需要结合城市规划、环境科学、社会学等多个学科的内容，学生需要具备整合这些知识的能力。

最后，团队协作与领导力。跨学科项目通常以团队合作的方式进行。学生需要与来自不同背景和学科的同学合作，这培养了他们的团队协作技能和领导力。他们学会倾听不同意见、协调冲突、分工合作，这对于未来的职业生涯至关重要。

2. 项目成果和实际影响

首先，项目报告和文档。学生通常需要撰写详细的项目报告或文档，其中包括项目的

背景、目标、方法和成果。这些文档不仅是对项目工作的总结，还可以作为学生的学术和职业发展材料。通过书面材料，可以评估学生对项目的深入理解和表达能力。

其次，实际问题解决。跨学科项目通常旨在解决实际问题或提供有益的服务。学生的成果是否对社会产生实际影响是评估的一个关键因素。例如，一个项目可能改善了社区的环境质量，提高了医疗服务的效率，或者促进了文化艺术的发展。实际问题解决的成功度可以通过相关利益相关者的反馈、数据收集和可衡量的效果来评估。

最后，学术成果。对于学术性项目，学生的研究成果也是一个关键方面。这可能包括发表在学术期刊上的论文、参与学术会议或获得奖项。学生的学术成就反映了他们在项目中的深度研究和学术贡献。

通过对跨学科项目设计和成果的评估，一体化模式的教育效果可以更全面地了解。这种方法不仅鼓励学生综合不同学科的知识，还强调项目的实际影响和可持续性，为学生提供了更广泛的发展机会。

（二）社会参与和影响力

1. 社会参与度

一体化模式通过综合性实践活动鼓励学生积极参与社会事务。评估学生的社会参与度可以通过以下方式进行：

（1）志愿服务时数

首先，时数的重要性。评估学生的社会参与度时，志愿服务的时数是一个重要的度量标准。这反映了学生在社会事务中投入的时间和精力。通常来说，更多的志愿服务时数意味着更高程度的社会参与。

其次，时数的多样性。时数不仅仅要看数量，还应关注多样性。学生可能参与不同类型的志愿服务，涵盖社区服务、环境保护、慈善活动等各个领域。这种多样性可以表明学生对不同社会问题的关注和多方面的社会参与。

最后，服务记录和验证。学校可以要求学生提交志愿服务记录，其中包括志愿服务的时间、地点、服务内容和组织机构等信息。这些记录可以用于验证学生的志愿服务时数，确保其真实性和准确性。

（2）社会活动记录

首先，记录的内容。学生可以记录他们参与的社会活动，包括参加的组织、活动名称、日期和具体参与内容。这些记录可以帮助学生整理他们的社会参与经历，也可以用于将来的求职或学术申请。

其次，反映参与广度和深度。社会活动记录不仅反映了学生的社会参与广度，还可以反映深度。学生可以在记录中说明他们在某个活动中的具体贡献和影响，以及他们从中获得的经验和教训。

最后，学校认可和支持。学校可以提供学生社会活动记录的认可和支持。这可以包括颁发证书或奖项，以表彰学生的社会参与成就，激励更多的学生积极参与社会事务。

2.影响力评估

学生在社会中产生影响的程度也是一体化模式的重要衡量标准。评估学生的影响力可以通过以下方式来考察：

（1）社会反响

第一，社交媒体上的讨论。社交媒体是一个反映社会舆论的平台，学生的社会活动是否引发了社交媒体上的讨论是一个重要的指标。这可以通过分析社交媒体上的帖子、评论和分享来进行评估。如果学生的活动引发了广泛的讨论和关注，那么可以认为他们的社会参与具有较高的影响力。

第二，新闻报道。学生的社会活动是否受到新闻媒体的报道也是一个关键的评估指标。新闻报道通常反映了社会对于某一事件或活动的关注程度。如果学生的活动受到新闻媒体的报道，那么可以认为他们的社会参与具有较高的影响力。

（2）项目成果的实际效果

第一，反馈调查。通过向社会活动的受益人、参与者或社区居民进行反馈调查，可以评估学生的项目成果对他们产生了什么样的实际影响。反馈调查可以包括问卷调查、面对面访谈等形式，用以了解受益人对于项目的看法和感受。

第二，数据收集和分析。对于一些社会问题的解决活动，学生可以进行数据收集和分析，以评估项目的实际效果。例如，如果学生参与了环境保护项目，他们可以收集空气质量、水质等方面的数据，并分析这些数据是否显示了环境改善的迹象。

第三，社会问题的解决程度。学生的社会活动是否对解决特定社会问题产生了实际效果也是一个重要的评估指标。这可以通过监测社会问题的发展趋势和变化来进行评估。如果学生的活动导致了社会问题的改善或减轻，那么可以认为他们的社会参与具有较高的影响力。

（3）领导力和倡导

第一，领导力展现。学生在社会活动中是否展现出领导力是另一个重要的评估指标。领导力体现在组织、协调、激励和引导他人方面。如果学生能够有效地领导团队或组织，并取得积极的成果，那么可以认为他们具有领导力。

第二，见解和倡导。学生是否能够发表有影响力的见解并倡导特定观点也是一个评估指标。这可以通过学生的演讲、文章、社交媒体上的发布等方式来展现。如果学生的见解能够引起他人的共鸣和关注，那么可以认为他们的社会参与具有较高的影响力。

三、评价方法与标准的建立与完善

（一）综合评价体系的构建

为了全面评价一体化模式的成效，需要建立综合评价体系，将学生的知识水平、思维能力、实践能力、社会影响力等方面进行综合考虑。评价体系可以包括定量指标（如考试成绩、实践项目分数）和定性指标（如学生自我评价、社会评价）。

1.定量指标的设计

定量指标可以涵盖学生在各学科领域的成绩、跨学科知识的掌握情况，以及实际项目的创新成果等。同时，也可以考虑学生的学术竞赛获奖情况、学术论文发表数量等。这些指标能够客观地反映学生在不同领域的学术表现和成就。

2.定性指标的引入

定性指标可以从学生的自我评价、同伴评价、教师评价、社会评价等多个角度出发，对学生的思想政治素养、社会影响力等进行综合性评估。例如，学生可以撰写自我评价报告，描述自己在跨学科实践中的体会和成长。

（二）多元化评价方法的运用

为了更准确地评估一体化模式的成效，可以采用多元化的评价方法，结合定量和定性分析，从不同维度全面考查学生的发展情况。

1.综合性项目评价

针对学生参与的综合性实践项目，可以设计评价标准，考察项目的创新性、实际效果、社会影响等方面。学生需要展示项目的整个过程和成果，以便教师和评价者进行综合性评估。

2.跨学科综合能力评估

为了评价学生的跨学科综合能力，可以设计跨学科考试或评估任务，要求学生综合运用多个学科的知识和方法解决一个复杂问题。这有助于考查学生的综合性思维和应用能力。

3.社会参与和影响力评估

针对学生的社会参与和影响力，可以通过社会调查、问卷调查等方式了解学生在社会中的影响程度和社会认可度。学生在社会事务中的表现和社会反响可以作为评价的重要参考。

（三）反馈机制和持续改进

评价方法和标准的建立应该具有动态性，需要根据实际情况不断调整和完善。教育机构应建立学生反馈机制，定期收集学生对一体化模式的评价意见和建议，以便进行持续改进。

1.学生参与的重要性

学生是一体化模式的直接受益者，他们的参与和反馈对于模式的改进具有重要意义。学生的意见可以帮助教育者了解模式的实际效果，从而调整教学策略和评价方法。

2.教师反思和经验分享

教师在实施一体化模式过程中应不断进行反思和总结，分享经验和教训。教师之间的交流与合作可以促进教育模式的优化和提升。

通过对不同模式在思想政治教育中的实际效果和影响进行分析，以及对一体化模式对学生综合素质发展的贡献进行评估，可以建立多维度的评价体系，更全面地了解模式的实际效果。同时，建立多元化的评价方法和标准，充分考虑定量和定性指标，可以更准确地评估学生的思想政治素养和综合素质。最终，通过建立反馈机制和持续改进，可以不断优化思想政治教育一体化发展模式，为学生的综合素质提升和全面发展提供更有效的支持。

第三节　思想政治教育一体化未来发展方向与展望

随着信息技术的快速发展，教育信息化已经成为不可忽视的趋势。如何使思想政治教育更加接近现实、更加合理，以怎么样的方式构建和推进思想政治教育一体化且未来的思想政治教育的发展方向我们亟需解决的现实问题。依托当今大数据人工智能在生活中日益凸显的作用下，思想政治教育一体化模式与技术相融合，从而实现教育模式技术上的共建共享。为此，未来一体化思想政治教育模式将更加融合技术创新，实现教育的个性化、多样化和深度化；注重课程内容与教学目标的有机契合，培训学生批判思维，积极参加各种实践活动，正确进行价值观引导。

一、教育方法与技术

（一）创新教育技术

未来思想政治教育将积极采用创新的教育技术，以提升教育的质量和互动性。其中，虚拟现实（VR）和增强现实（AR）技术将在教育领域发挥关键作用。这些技术将为学生提供更生动的学习体验，以下是它们如何改进思想政治教育：

1.沉浸式学习体验

虚拟现实技术可以将学生带入历史事件的场景中，创造出一种身临其境的学习体验。学生可以穿戴VR头盔，仿佛穿越时空，亲历历史事件。

2.丰富的视听互动

虚拟现实环境不仅能够呈现历史场景的视觉效果，还能够提供丰富的听觉互动。学生可以听到历史事件中的声音，如炮声、人群喧哗、历史人物的演讲等，使他们更加真实地感受历史事件的氛围。这种互动性有助于学生更深入地融入历史情境，提高历史学习的深度。

3.时空穿越

虚拟现实技术允许学生选择不同的历史时期，例如古代、中世纪、近现代等，然后在虚拟环境中探索不同时代的历史事件。这种时空穿越的体验使学生能够比较不同历史时期的文化和社会差异，从而培养他们的历史思维和分析能力。

4.重要历史事件的还原

虚拟现实技术可以用来还原一些重要历史事件。学生可以在虚拟环境中亲身体验这些事件的关键时刻，与历史人物互动，了解事件的复杂性和影响。通过参与式学习，学生能够更深入地思考历史事件的原因和后果，培养批判性思维和问题解决能力。

（二）个性化教育

未来思想政治教育将更加注重满足学生的个性化需求。智能教育系统将根据每个学生的学习风格、兴趣和学习进度来调整教育内容，以提供更具吸引力和有效性的教育。以下是个性化教育的一些关键方面：

1. 学习路径定制

教育系统将根据学生的学习历史和目标，制定个性化的学习计划。这将有助于学生在他们的学习过程中更好地掌握思想政治课程的核心概念。

首先，学习路径定制是未来思想政治教育的一项关键创新。个性化学习路径的制定是一项复杂而富有挑战性的任务，要求教育系统深入了解每个学生的学术背景、学习风格、兴趣和学习目标。第一，学校或教育机构需要建立全面的学生档案，包括学术成绩、兴趣爱好、学习历史和课外活动等信息。这些信息可通过学生的学习记录、测试成绩和个人陈述等方式进行收集。第二，教育系统还应该与学生、家长和教育者进行密切的互动，以了解学生的职业志向和长期学习目标。通过这些数据的综合分析，教育系统可以为每位学生制定个性化的学习计划。

其次，个性化学习计划的制定需要综合考虑多个因素。第一，学生的学术水平和学科兴趣应该是考虑的关键因素之一。学习计划需要根据学生的当前知识水平和兴趣爱好来选择适当的课程和学科领域。第二，学习计划还应该考虑学生的学习风格和需求。有些学生可能更适应于自主学习，而另一些学生可能需要更多的导师指导和集体学习机会。因此，个性化学习计划可以包括在线课程、面对面授课、独立研究项目以及小组讨论等多种教育方法，以满足不同学生的需求。

再次，个性化学习计划的实施需要教育系统的协同合作。第一，学校和教育机构需要拥有强大的数据分析和学生档案管理系统，以便有效地收集、存储和分析学生信息。这些系统应该能够自动化生成个性化学习计划，并不断更新以反映学生的学术进展和兴趣变化。第二，教育者和导师在制定和执行个性化学习计划方面扮演着关键角色。他们需要与学生紧密合作，了解他们的需求和进展，并提供必要的指导和支持。教育者还应该不断改进课程设计，以满足不同学生的需求，并探索新的教育方法和资源。第三，家长和学生本身也需要积极参与个性化学习计划的制定和执行。家长可以提供有关学生的额外信息和反馈，而学生则应该在学习过程中积极参与，提出问题和建议，以确保学习计划的成功实施。

最后，个性化学习路径的制定将为学生提供更有深度和意义的思想政治教育。通过考虑学生的学术水平、兴趣、学习风格和职业规划，个性化学习计划可以帮助学生更好地理解和掌握思想政治课程的核心概念。学生将能够深入研究他们感兴趣的领域，提高他们的学术成绩，培养批判性思维和分析能力，并更好地实现自己的学术和职业目标。这将为他们未来的政治参与和社会责任感奠定坚实的基础，为社会的进步和发展作出积极贡献。

2. 自主学习

自主学习意味着学生将有更多的自由选择他们感兴趣的领域和课程，而不仅仅是被传授教育内容。这种自由选择的权利将激发学生的学习动力，使他们更有动力参与思想政治教育。这一自主学习模式有助于塑造更有创造力和批判性思维的公民，他们能够在复杂的政治环境中更好地理解、分析和参与。

首先，自主学习将提供广泛的学科选择和多样的教育资源。学生将能够根据他们的兴趣和学术目标选择社会学、历史、哲学等多个相关学科中的课程。这将为学生提供更丰富的知识背景，使他们能够从多个角度理解社会问题。此外，自主学习还将涉及使用多样化的教育资源，包括教科书、学术论文、在线课程、讲座等。这种多样性将丰富学生的学习体验，激发他们对思想问题的热情。

其次，自主学习将强调学生的自我管理和学习策略。学生将需要开发自己的学习计划、设定学习目标、规划学习进程以及自我评估学术成就的能力。这将培养他们的自我管理技能，提高学习的效率和质量。

最后，自主学习将鼓励学生的创新性和批判性思维。在自主学习环境中，学生将有更多的机会独立思考、提出问题和探索解决方案。他们将受到鼓励，不仅仅是记忆和重复知识，还要思考问题的根本原因，分析不同观点和发展新的思想。这将有助于培养具备创新性和批判性思维的公民，他们能够在社会和政治领域中提出新的见解和解决方案，为社会的发展和进步做出积极贡献。

3. 实时反馈

智能系统将提供即时的学习反馈，帮助学生了解他们的学习进度，弱点和潜在的改进领域。这将鼓励学生积极参与自我评估和改进。

首先，实时反馈有助于监控学习者的学习进度。通过实时反馈，学习者可以清晰地了解到自己的学习进度，感知到自己的努力和成果，从而保持积极的学习动力并及时调整学习计划。

其次，实时反馈能够为学习者提供个性化的指导。通过智能系统的实时反馈功能，学习者可以及时了解自己的学习进展和理解程度，根据反馈调整学习策略，从而更好地掌握知识。

再次，实时反馈为学习者提供了及时纠正和改进的机会。当学习者在学习过程中遇到困难或疑惑时，及时的反馈可以帮助他们发现问题所在并寻找解决方法。学习者可以通过与教师或同学的互动、在线讨论或作业批改等方式获得反馈，从而及时纠正错误、消除疑虑，进一步提高学习效果。

最后，实时反馈有助于培养学习者的自主学习能力。在个性化学习中，学习者需要更加独立地进行学习和解决问题。通过实时反馈，学习者能够自我检查学习成果，发现自己的优势和不足，进而自主制定学习计划和目标，提高自主学习能力和自我管理能力。

二、课程内容与教育目标

（一）培养批判性思维

未来思想政治教育将更加强调培养学生的批判性思维能力，这是为了使他们能够更好地应对复杂多变的社会和政治环境。以下是未来思想政治教育将采取的方法和策略，以培养学生的批判性思维：

首先，强化逻辑推理能力。未来的教育将注重培养学生的逻辑思维和推理能力。这包括通过逻辑课程和问题解决活动，帮助学生理解和应用有效的论证和逻辑原则。学生将学会分析问题、提出合理的论点和进行逻辑推理，从而更好地评估信息和做出决策。

其次，提高信息素养。信息素养将成为未来思想政治教育的重要组成部分。学生将学会有效地搜索、筛选和评估信息，以识别虚假信息和偏见。培养学生的信息素养将有助于他们更好地理解政治事件和问题，从而能够做出明智的决策。

再次，推广辩论技能。未来的教育将鼓励学生积极参与辩论活动。辩论是培养批判性思维和表达能力的有效方式。学生将学习如何提出论点、支持观点、反驳对方，并借助事实和逻辑进行有力的辩护。这将有助于他们更好地理解不同的观点和立场，培养尊重和包容性的态度。

最后，注重伦理思考。未来思想政治教育将强调伦理思考的重要性。学生将学习如何评估行为和政策的伦理性，并考虑其对社会和个体的影响。伦理思考将有助于培养学生的社会责任感和道德判断力，使他们能够成为具有高度批判性思维的公民。

（二）强调实践与参与

未来思想政治教育将更加强调学生的实际参与。学校和社区合作项目、模拟政治活动等将成为常见的教育方式，以使学生能够将他们学到的理论知识应用到实际生活中。这种实践经验将培养学生的实际问题解决能力和领导力。

1. 学校和社区合作项目：

首先，社区服务与实践活动的重要性。未来思想政治教育将强调学生参与各种社区服务和实践活动的重要性。这些项目不仅能够将学生从教室中解放出来，还能够使他们更好地理解社会问题和社区需求。社区服务活动可以包括志愿者工作、社会调查、文化交流等多种形式，让学生亲身感受社会的多样性和复杂性。

其次，实践活动的知识应用。学校和社区合作项目将为学生提供一个将课堂知识应用到实际情境中的机会。学生可以将他们学到的理论知识运用到社区服务和实践活动中，从而更好地理解理论与实际的关系。例如，政治课程中学到的政策分析方法可以帮助学生更好地理解社区政策和问题，进而提出改进建议。

再次，解决社会问题的能力培养。学生通过参与社区服务和实践活动，将培养解决社会问题的能力。他们将学会如何识别社会问题、分析问题的根本原因，并提出可行的解决方案。这将有助于培养学生的批判性思维和问题解决技能，使他们成为社会变革的积极参与者。

最后，社会责任感的培养。通过学校和社区合作项目，学生将培养社会责任感。他们将更加关注社会问题，愿意为社会做出积极贡献。这将有助于培养学生的公民意识和社会参与精神，使他们成为有社会担当的公民。

2.社会创新和企业实践

首先，创新精神的培养。未来思想政治教育将强调学生参与创新项目、社会企业和创新活动的重要性。这些项目将有助于培养学生的创新精神。学生将有机会思考新的创意、解决现实问题，并将这些想法付诸实践。创新活动可以包括科技创新、社会创业、文化创意等各个领域，使学生从不同角度理解创新的本质。

其次，实际问题解决的经验积累。学生通过参与创新项目和社会企业将积累实际问题解决的经验。他们将学会如何面对挑战、克服困难，并将解决方案付诸实践。这将培养学生的实际问题解决能力，使他们能够更好地应对职业生涯中的挑战。

再次，企业管理与领导力。学生参与社会企业和创新项目还将有助于培养他们的企业管理和领导力。他们将学会如何组织团队、制定战略、管理资源，并在竞争激烈的市场中取得成功。这将为学生的职业发展提供有力支持，使他们能够在企业和组织中发挥重要作用。

最后，实践经验的价值。参与创新和企业实践的学生将积累宝贵的实践经验。这将使他们在求职时更具竞争力，能够展示自己在实际项目中的成就和经验。这种实践经验也将有助于学生更好地理解理论知识与实际操作的关系，使他们在职场中能够更好地应对各种挑战。

（三）引导价值观培养

思想政治教育将更多地引导学生反思自己的价值观和伦理观，并帮助他们形成更为深思熟虑的社会责任感。教育将鼓励学生思考伦理和道德问题，以及如何与社会责任相结合。学生将参与伦理讨论、道德决策模拟和伦理反思项目，从而更好地理解伦理问题的复杂性和权衡。这将有助于培养具备价值观和伦理意识的公民，他们能够在社会领域中作出道德和负责任的决策。

首先，思想政治教育的未来发展将更加强调学生对自身价值观和伦理观的反思。教育将鼓励学生主动探讨和思考自己的核心价值观，以及这些价值观是如何塑造他们的思维和行为的。这一过程将包括个人反思、价值观讨论和伦理故事分享等多种方式。通过深入的自我认知，学生将更清晰地理解自己的信仰和原则，为未来的决策和行动打下坚实的伦理基础。

其次，思想政治教育将引导学生积极参与伦理问题的探讨和权衡。学生将有机会参与伦理讨论、道德决策模拟等活动，以面对现实生活中的伦理难题。这些活动将帮助学生锻炼道德决策的能力，了解伦理问题的多样性和复杂性。学生将学会如何在不同的道德价值观之间进行权衡和取舍，提高道德决策的成熟度。

最后，思想政治教育将努力培养学生的社会责任感。学生将参与伦理反思项目，通过实际行动来践行他们的伦理和价值观。这可能包括参与社区服务、志愿工作、公益项目等。学生将学会如何将自己的伦理和价值观转化为实际行动，为社会问题的解决贡献力量。这将培养具备价值观和伦理意识的公民，他们能够在社会领域中作出道德和负责任的决策，积极参与社会进步和发展。

思想政治教育一体化建设中，与思想政治教育相关的一切要素之间相互协调、融合促进，并转化为与人的生活直接相关的价值观念、思想体系、心理活动、伦理规范以及行为习惯。思想政治教育一体化承载人的培养及发展、社会价值观念塑造、社会主体力量激发以及服务治国理政、促进中国特色社会主义建设的重大社会责任。

参考文献

[1] 黄必忠，甘菁菁．新时代高校思想政治教育工作创新发展研究 [J]．智库时代，2020，（4）：114-115．

[2] 中共中央办公厅、国务院办公厅．中共中央办公厅、国务院办公厅印发了《关于深化新时代学校思想政治理论课改革创新的若干意见》[N]．《人民日报》，2019-08-18．

[3] 贾伟杰，徐趁丽．新时代高校思政课程与课程思政融合发展探析 [J]．智库时代，2020，（2）：73-74．

[4] 刘丽颖，左双双．习近平关于高校教师思想政治工作重要论述研究 [J]．辽宁师范大学学报（社会科学版），2020，43（1）：30-38．

[5] 习近平．青年要自觉践行社会主义核心价值观——在北京大学师生座谈会上的讲话 [N]．《人民日报》，2014-5-5．

[6] 习近平首次点评"95"后大学生 [N]．《人民日报》，2017-1-3．

[7] 举旗帜聚民心育新人兴文化展形象更好完成新形势下宣传思想工作使命任务 [N]．《人民日报》，2018-8-2 3．

[8] 习近平在中共中央政治局第十三次集体学习时强调：把培育和弘扬社会主义核心价值观作为凝魂聚气强基固本的基础工程 [N]．《人民日报》，2014-2-26．

[9] 中共中央、国务院关于加强和改进新形势下高校思想政治工作的意见 [N]．《人民日报》，2017-2-28．

[10] 魏海政：构筑立德树人的体制机制——山东省中小学德育一体化建设纪实（下）[N]．《中国教育报》，2018-04-28．

[11] 金志明、董少校：上海市聚焦立德树人，力促优质均衡，深化综合改革——奋进在教育现代化的壮阔征途上 [N]．《中国教育报》，2019-06-25．

[12] 施剑松、蔡继乐：加强顶层设计强化实践体验大中小学衔接——北京：构建"一体化"德育新体系 [N]．《中国教育报》，2017-06-29．

[13] 魏海政：落实立德树人的路径选择——山东省中小学德育一体化建设纪实（上）[N]．《中国教育报》，2018-04-26．

[14] 习近平：用新时代中国特色社会主义思想铸魂育人贯彻党的教育方针落实立德树人根本任务 [N]．《人民日报》，2019-03-19．

[15] 余闯．北京：推动大中小幼一体化德育体系建设 [N]．《中国教育报》，2019-04-15．

[16] 刘广澍."融媒体"时代下大学生思想政治教育传播创新发展探析 [J]．西部素质

教育，2017，3（10）：41+43.

[17] 张宏天.媒体融合发展对高校思政教育生态的影响研究 [J].传媒，2018（15）：75-78.

[18] 李斌，钱容德.聚焦思想政治教育创新发展激活思想政治工作内生动力——"新时代中国特色社会主义思想政治教育创新发展高端论坛"综述 [J].思想理论教育导刊，2019（02）：157-159.

[19] 许慎.全媒体时代思想政治理论课教学方法的综合创新 [J].思想理论教育，2019（12）：69-73.

[20] 王宁.融媒体时代高校思政课堂教学方法的创新思考 [J].黑龙江生态工程职业学院学报，2019，32（04）：136-137.

[21] 梁庆婷，包娜.全媒体时代思想政治教育话语的困境反思 [J].中国矿业大学学报（社会科学版），2019，21（06）：56-64.

[22] 胡守敏.新时代背景下高校"三全育人"研究 [J].学校党建与思想教育，2019（14）：68-70.

[23] 何心，张路颖.融媒体时代高校思想政治教育方法创新探索 [J].文化创新比较研究，2020，4（17）：138-140.

[24] 李发武.融媒体时代大学生思想引领路径探析 [J].广西民族大学学报（哲学社会科学版），2020，42（04）：177-181.

[25] 李宽.融媒体"矩阵"构建实践探究——以高校思想政治教育工作为例 [J].记者观察，2020（27）：28-29.

[26] 胡斌武，黄梦婷，郑秀峰.大中小学思想政治教育一体化的三重逻辑 [J].浙江工业大学学报（社会科学版），2023，22（03）：331-336.

[27] 王学俭，徐曼.思想政治教育一体化的概念内涵、核心要义及实践路径 [J/OL].新疆师范大学学报（哲学社会科学版）：1-9[2023-10-17].https：//doi.org/10.14100/j.cn-ki.65-1039/g4.20230714.001.

[28] 张志元，马慧慧.大中小学思想政治教育一体化文化环境体系构建研究 [J].山西高等学校社会科学学报，2023，35（05）：37-42.

[29] 戴锐.学校思想政治教育一体化建设的基本理念 [J].江苏教育研究，2023（06）：3-8.

[30] 刘海英.思想政治教育一体化建设内在规律探究 [J].中学政治教学参考，2023（09）：87.

[31] 杨晓慧，弓昭民.新时代推进大中小学思想政治教育一体化建设 [J].思想理论教育导刊，2023（01）：119-125.

附　录

附录一　社区环境调研访谈问题示例

请问您对本社区的发展现状有何看法？您认为社区目前的主要优势和不足是什么？

在您看来，社区居民的生活质量如何？有哪些方面存在改进的空间？

您认为社区在环保方面做的如何？有没有发现一些环境污染或资源浪费的问题？

社区内的交通状况怎样？是否存在交通拥堵或安全隐患？

对于社区的文化和教育设施，您是否觉得满意？有哪些方面可以进一步提升？

您是否了解社区内的社会服务机构以及提供的服务项目？您认为社区是否满足居民的基本需求？

在社区管理和治理方面，您觉得有哪些可以改进的地方？您认为居民参与社区事务的机会是否足够？

您是否关注过社区的安全问题？您认为社区的治安状况如何？

对于社区的未来发展，您有哪些建议或期望？

您认为居民之间的互动和交流是否充分？有没有可以促进居民交流的方式？

以上问题仅为示例，可以根据具体社区的情况进行适当调整和补充。在进行访谈时，可以针对不同类型的受访者（居民、社区管理人员、环保志愿者等）提出相关问题，以获得全面的信息。通过收集和分析这些信息，学生可以更好地了解社区的现状和问题，为后续的问题解决提供依据。

附录二　社区环境调研问卷示例

社区环境调研问卷

尊敬的居民：

感谢您参与本次社区环境调研问卷调查。您的意见和建议将帮助我们更好地了解社区的发展现状，以及存在的问题和需求。请您认真回答以下问题，您的回答将被保密处理。

个人信息（可选填）：

姓名：＿＿＿＿＿＿＿＿＿＿＿＿

年龄：＿＿＿＿＿＿＿＿＿＿＿＿

职业：_____

电话号码：_____

一、社区发展现状：

1.您认为社区的整体发展状况如何？（请在选项前打√）

（1）良好

（2）一般

（3）不好

2.您认为社区的主要优势是什么？（请填写）

_____

3.在您看来，社区目前存在哪些问题？（请填写）

_____

二、生活质量评价：

4.您对社区居民的生活质量感到满意吗？（请在选项前打√）

（1）满意

（2）一般

（3）不满意

5.您认为社区居民生活质量的改善需要哪些方面的支持？（请填写）

三、环保状况评价：

6.您认为社区在环保方面的表现如何？（请在选项前打√）

（1）良好

（2）一般

（3）不好

7.您是否曾发现社区内存在环境污染或资源浪费的问题？如果是，请具体描述。（请填写）

四、交通状况评价：

8.对于社区内的交通状况，您的评价是？（请在选项前打√）

（1）良好

（2）一般

（3）不好

9.是否存在交通拥堵或安全隐患的情况？如果是，请具体说明。（请填写）

五、文化教育设施：

10. 您对社区内的文化和教育设施满意吗？（请在选项前打√）

（1）满意

（2）一般

（3）不满意

11. 您认为可以进一步提升的文化和教育设施有哪些？（请填写）

_____

六、社区管理和治理：

12. 您对社区的管理和治理满意吗？（请在选项前打√）

（1）满意

（2）一般

（3）不满意

13. 您认为社区治理方面有哪些需要改进的地方？（请填写）

_____

七、社区安全问题：

14. 您是否关注过社区的安全问题？（请在选项前打√）

（1）是

（2）否

14. 您对社区的治安状况有何评价？（请填写）

_____

八、社区未来发展：

16. 您对社区的未来发展有什么建议或期望？（请填写）

_____

感谢您的参与！您的意见对我们非常重要。如您愿意进一步交流，请在下方留下您的联系方式。我们将认真倾听您的声音并采纳您的建议。

联系方式：_____

请将填写完毕的问卷交回指定地点或联系我们的工作人员收取。再次感谢您的支持和配合！